"十二五"国家重点出版物出版规划项目

当代哲学问题研读指针丛书
逻辑和科技哲学系列

张志林 黄翔 主编

当代怀疑论

王聚 著

Contemporary
Scepticism

复旦大学出版社

内容提要

怀疑论是哲学的核心问题。在当代知识论领域,怀疑论者宣称有关外部世界的知识是不可能的。如果要捍卫知识的可能性,应该如何应对这一棘手的挑战?本书从3个方面展开对当代怀疑论的理论分析、发展脉络梳理与思想批判。全书共8章,分别是怀疑论的本质(第一章)、怀疑论的论证(第二章)、先验论证与反怀疑论(第三章)、语境主义反怀疑论(第四章)、外在主义反怀疑论(第五章)、新摩尔主义反怀疑论(第六章)、《论确定性》与反怀疑论(第七章)和解释主义反怀疑论(第八章)。本书对这些理论的产生背景、论证结构和引起的争论做出简洁的分析和批判的讨论。通过此书,读者能对当代怀疑论问题有整体的把握和进一步的研究。

作者简介

王聚，英国爱丁堡大学哲学、心理学与语言科学学院博士，现为复旦大学哲学学院科学哲学与逻辑学系讲师。2018年入选上海市浦江学者、上海市晨光学者。主要研究方向为当代知识论、语言哲学与科学哲学。现主持省部级科研项目3项。在 Synthese、International Journal of Philosophical Studies、《世界哲学》、《自然辩证法研究》、《自然辩证法通讯》等国内外哲学期刊发表论文十余篇。

鸣 谢

本书的研究得到下列基金的资助：

上海市浦江人才计划"当代反怀疑论新思潮研究"（项目编号：18PJC015）。

丛书序言

在学术领域越来越专业化和精尖化的今天,学者与普通读者在想了解一个从前未曾涉足的研究领域时,所采取的研读方法是有所差别的。普通读者都会上网查询,或查找百科全书或相关的工具书。学者当然也使用这种方法,但这种方法一般只能给出一个研究领域的研究对象和研究成果的大致印象,而难以深入地说明其中的研究方法、证据与理由。想要深入地了解一个研究领域,需要查阅相关学术文献,但这些文献常常以该领域专家和学者为阅读对象,而其他读者往往会对其中大量未加解释的技术概念感到难以理解。然而,经过学术训练的学者却有一招——阅读相关学术研究指针读物,借此可快速地深入到自己从未涉足过的研究领域。这些读物一般由各研究领域中的顶尖学者撰写,对各领域的学理脉络、最新研究成果和未来发展方向做出深入浅出的阐述与观察,并列出关键文献的出处。通过学习这种指南读物,非专业的学者也可以快速地进入本专业并阅读其中的学术文献。毫不夸张地说,阅读此类研读指针读物,已成为当代学者生活中不可缺少的一部分。对于普通读者来说,学会使用研读指针读物,无疑也可以快速和深入地理解当代学术界的动态有效资源。

由复旦大学哲学学院科学哲学与逻辑学系组织的"当代哲学问题研读指针丛书"就是想为国内的学者和普通读者们提供这样一种快速进入当代学术前沿领域的资源。这套丛书并未采用直接译介国外类似资料的方式,而是请国内在相关领域学有所长的研究者来撰写。丛书的首要目的是通过这项工作,将国内和华语界的研究成果也一起展示出来,使读者同时能够了解国内的学术进展情况。其次,对于同一课题,来自不同研究背景的学者的看法常有差异,这是很正常的现象。出现于西方研读指针类读物中的同一条目或同一课题,如果由不同作者撰写,其内容和侧重点因此也常有很大的差异。了解这种差异是深入地理解该课题的一种颇为有效的路径。当代实验哲学的经验研究表明,来自不同文化和语言传统的人们对一些基本哲学直觉会有所差异。因此,从国内学者的视角出发来对问题进行反思,有其重要的建设性意义。

丛书的设计和准备得到了复旦大学出版社的认可和大力支持。在出版社的领导和工作人员的努力与鞭策下,第一辑的出版工作也十分荣幸地被列入"十二五"国家重点出版物出版规划项目,对此我们深表感谢。第一辑出版后,获得国内学界同仁的大量好评,这无疑为我们继续出版第二辑增强了信心。当代科学哲学和逻辑学研究课题很多,第一辑的11个分册只涉及了其中一小部分。第二辑选题的首要目的还是继续第一辑的工作,即选择当代科学哲学和逻辑学的中心问题和热点问题予以介绍与评价。与此同时,我们也注意收入当代科学技术发展的热点问题,如认知科学、信息技术、生态学等所引发的新问题,以及与科学哲学和逻辑学密切相关的语言哲学、形而上学、知识论、科学社会学等领域的问题。相信这种更为宽广的选题表征更能反映当代科学哲学和逻辑学中多元与精专同在的局面。

张志林 黄 翔

2020年5月

前言

在西方哲学史中,怀疑论问题是一个古老的哲学话题,其思想根源可以追溯到古希腊时期。虽然这一思想历史久远,但这并不妨碍此话题在当代焕发新的生命力。在当代知识论领域,怀疑论问题受到极大的关注。怀疑论的论证形式被重塑,怀疑论挑战的价值也获得新的阐发。于是,对于怀疑论的关注促成当代知识论领域诸多理论的发展。因此,对当代怀疑论问题形成一个清晰且全面的认识,有助于我们更好地掌握当代知识论领域的发展脉络和问题线索。这正是我撰写这本书的目的,也希望有更多对怀疑论问题感兴趣的读者可以参与这场讨论。

书稿的一些内容曾在学术期刊上发表。比如,第一章中有关"如何理解怀疑论情景"的内容曾以《如何理解怀疑论情景》为标题发表在《自然辩证法研究》2016年第6期;第四章中的部分内容曾以《语境主义反怀疑论与标准下降难题》为标题发表在《现代外国哲学》2020年第1期（总第18辑）；第六章"知识论析取主义"的内容曾以《知识论析取主义，蕴涵论题与根据难题》为标题发表在《自然辩证法通讯》2016年第5期；第八章中的部分内容曾以《论解释主义对怀疑论的回答》为标题发表在《自然辩证法通讯》2018年第2期。对于上述期刊的授权使用，在此深表感谢。

  本书的写作和出版受到来自多方的支持。首先要感谢复旦大学哲学学院对本书出版的支持。其次，衷心感谢我的家人在书稿写作过程中给予的体贴和支持。最后，我要感谢复旦大学哲学学院的学生李琛、阳春白雪、韩春秋和张港悦对书稿内容的仔细阅读，其他选修过"知识论"课程的学生也对本书的内容提出了反馈和建议。还有一些默默付出的朋友，只能以书中彩蛋的方式收到我致谢的心意了。

王 聚

于复旦光华楼

目录

丛书序言 / 1

前言 / 1

引言 / 1

第一章 怀疑论的本质 / 1
    第一节 不同种类的怀疑论 / 1
    第二节 作为悖论的怀疑论 / 7

第二章 怀疑论的论证 / 36
    第一节 辩护概念三分 / 37
    第二节 基于非充分原则的怀疑论论证 / 41
    第三节 两个论证之间的关系 / 45

第四节　反怀疑论策略 / 64

第三章　先验论证与反怀疑论 / 72

　　第一节　先验论证：定义及特征 / 73

　　第二节　强先验论证及其困难 / 77

　　第三节　弱先验论证 / 85

　　第四节　不可或缺、辩护与引真性 / 91

第四章　语境主义反怀疑论 / 115

　　第一节　语境主义 / 117

　　第二节　语境主义与怀疑论 / 124

　　第三节　语境主义反怀疑论策略的困难 / 130

第五章　外在主义反怀疑论 / 140

　　第一节　过程可靠主义 / 145

　　第二节　过程可靠主义与怀疑论 / 148

　　第三节　过程可靠主义反怀疑论方案的困难 / 151

　　第四节　拒斥闭合原则：德雷斯基方案 / 156

　　第五节　拒斥闭合原则：诺奇克方案 / 163

第六章　新摩尔主义反怀疑论 / 176

　　第一节　摩尔反怀疑论及其缺陷 / 176

第二节　新摩尔主义：安全性理论 / 186
第三节　新摩尔主义：知识论析取主义 / 199

第七章　《论确定性》与反怀疑论 / 219
第一节　维特根斯坦论枢纽命题 / 219
第二节　怀特基于《论确定性》的反怀疑论方案 / 225
第三节　普理查德基于《论确定性》的反怀疑论方案 / 236

第八章　解释主义反怀疑论 / 247
第一节　解释主义 / 248
第二节　解释主义反怀疑论 / 253
第三节　解释主义反怀疑论方案的困难 / 265

结语 / 272

参考文献 / 276

引言

1998年上映了一部经典电影《楚门的世界》。它描述了这样一个场景：楚门生活在一个叫"桃源"的地方，他有知心的好友、美丽的妻子和稳定的工作，生活其乐融融。日复一日，令他熟悉到对周围的一切没有了好奇心。但某些奇怪的事件使得他逐渐意识到这里的一切都是虚假的，他身边的形形色色的人只是演员，而他只不过是一场巨大的真人秀的主角。从他出生至今的许多事件都是被导演安排好的，最后他决定逃离"桃源"并奔向真实世界——一个虽然不一定更美好但却更真实的所在。这是一个充满了确定性与怀疑的故事，而我们的生活与楚门也有类似之处。

生活有确定的一面，我们对很多东西十分熟悉，我们用"知道"一词来表达自己的熟悉之感与毫不怀疑的态度。但生活也有不确定的一面。当我们曾经认为熟悉的东西有了反常的表现,或者发现我们信赖的东西出了错误,我们便不再确定世界是否还像我们所想的那样,也不确定自己是否真正知道世界是怎样。每当生活出现了这样的插曲,我们都会反思自己所曾经相信的东西。可以说,我们从最初的信赖开始,逐渐地生发出怀疑。我们害怕不确定的东西后面藏着的危险,我们想把一切建立在坚实的基础之上。这样的过程循环往复,于是每个人的生活像是一个钟摆,摇摆于确定性与怀疑两端。

常人尚且如此,哲学家更不例外。哲学家也追求真实,追求去蔽,追求以更客观的视角看待自身的处境。实现这些目标的一个好方法就是通过哲学反思,因此,哲学家赋予反思独特的价值。苏格拉底曾说,"未经反思的生活是不值得过的"。反思的活动常常伴随对反思对象的怀疑,而随着怀疑活动在深度和广度两个方面不断提升,反思活动也就开展得更彻底。哲学怀疑论就是把怀疑精神提升到哲学层面的一个结果,它以批判的眼光看待我们日常不假思索便接受的前提,并旨在帮助我们找到一个真正具有确定性的基础。

本书所探讨的当代彻底怀疑论是针对外部世界知识的怀疑论。我们普通人认为自己拥有很多关于这个世界的知识,但怀疑论者反对这一点。他们认为我们并不拥有关于外部世界的知识。有趣的是,怀疑论攻击不仅不是毫无根据,还表现出很强的说服力,因此,这一攻击也吸引了众多反怀疑论哲学家的兴趣。双方在思想的擂台上进行了激烈而长久的争斗,而看似孤军奋战的怀疑论者却并未占下风。

这样的局面不禁让人感慨怀疑论具有的旺盛生命力,也促使我们对怀疑论思想展开系统的探究。那么,怀疑论的核心思想是什么?怀疑论的攻击形式又是什么?我们有什么方法可以回应怀疑论?从怀疑论与反怀疑论的争论中我们能学到什么?本书将会一一回答这些问题。

第一章
怀疑论的本质

听到"怀疑论"这个词,我们大概会疑惑什么是怀疑论。在我们的生活中,"怀疑"这个词并不陌生。我们可以怀疑某个人的人品,可以怀疑某个人的能力,也可以怀疑某个消息的可靠性。但把日常怀疑上升到哲学层面并且成为一种理论,怀疑论的本质又是什么呢?大致说来,当我们把一个哲学理论称作怀疑论时,该理论会对我们理所当然接受的现象持怀疑态度。换句话说,我们也许会从常识的态度出发,认为某对象 X 存在或者是可知的,但怀疑论者会拒绝这一点。从哲学史来看,有各种各样的怀疑论。为了讨论的方便,我们可以从怀疑论的主题和范围来进行区分。

第一节 不同种类的怀疑论

怀疑可以与不同的主题(subject)有关。对于一个道德领域的怀疑论者来说,值得怀疑的是获取有关道德善恶的知识的可能性;对于一个宗教领域的怀疑论者来说,值得怀疑的是宗教知识的可能性，如是否耶稣为弥赛亚。如果追随大卫·休谟（David Hume），我们也可以宣称归纳知识是不可能的。可以发现，对不同领域的命题，怀疑论者都可以展开攻击。

怀疑论者的攻击也有范围（scope）之分。怀疑论的攻击范围可以由怀疑论者认为不可知的命题范围所决定。当怀疑论者认为所有命题都不可知时，这种怀疑论攻击就范围来说是很彻底的，因为他们的攻击是全局性的。如果怀疑论只攻击某些命题，如关于过去事件的命题、关于未来的命题、关于外部世界的命题、关于他心的命题，这种攻击就是局部的。就攻击的范围来看，彻底怀疑论所造成的挑战是更为棘手的。

经过上面简明的叙述，接下来我将定义整本书所要讨论的怀疑论攻击。我所讨论的怀疑论可以称之为彻底怀疑论（radical scepticism）。① 该理论的核心主张是，关于外部世界的命题知识是不可能的。② 命题知识（know-that）是与能力知

---

① 这里虽然用了"彻底"这个词，但不是因为此种怀疑论在范围上攻击一切命题，而是因为这一挑战的方式与程度的彻底。我会在后文进一步解释。
② 读者也许会质疑，为什么不把彻底怀疑论定义为我们事实上缺乏有关外部世界的知识呢？这种定义是较弱的，因为它所说的是原则上我们可以拥有关于外部世界的知识，但实际上我们没有。此种怀疑论定义所具有的哲学挑战太弱。因为如果仅仅说我们现在缺乏知识，但原则上我们可以获得知识，一种很自然的想法就是：或者由于科学技术还不够发达，或者由于我们还在使用易错的方式形成信念，所以，我们还缺乏知识。于是，对怀疑论的解答就会变成一个经验问题，即：我们如何更好地提高科学技术水平，更全面地避免错误的信念形成方式，以及避免认知成见等问题。为了让怀疑论问题不失去哲学的趣味，我避免了这样的定义方式。

识(know-how)相对的,前者的对象是一个由英语词"that"引出的从句,而后者则不一定表现为对命题的把握,反而更表现为一种实践能力。① 此时,命题知识可以看作是对一个命题的知道的态度,从而与其他命题态度相区分开,如相信和怀疑。如何理解这里的"外部世界"呢?这里我们不能简单地把"外部世界"等同于在我们心灵或身体之外的世界。怀疑论者甚至会认为我们连自己的身体乃至自己所处的空间位置也无法得知。怀疑论者所怀疑的是独立于心灵的对象。因此一个更好的表述是,有关独立于心灵的对象的命题知识是不可能的。有了这么一个大致的定义,反怀疑论者就必须有理有据地指出此类知识并非是不可能的。

我们能在笛卡尔的《第一哲学沉思集》里看到彻底怀疑论的身影。在此书中,笛卡尔让读者想象一个我们被广泛欺骗的场景。

> 因此我要假定有某一个妖怪,而不是一个真正的上帝(他是至上的真理源泉),这个妖怪的狡诈的欺骗手段不亚于他本领的强大,他用尽了他的机智来骗我。我要认为天、空气、地、颜色、形状、声音以及我们所看到的一

---

① 关于命题知识与能力知识的区分,可参见 Ryle(1949)。前者的范例是知道复旦大学在上海,或知道情人节是在 2 月 14 日;能力知识的范例是知道如何骑自行车,或是如何制作冰淇淋。

切外界事物都不过是他用来欺骗我轻信的一些假象和骗局。我要把我自己看成是本来就没有手,没有眼睛,没有肉,没有血,什么感官都没有,而却错误地相信我有这些东西。我要坚决地保持这种想法;如果用这个办法我还认识不了什么真理,那么,至少我有能力不去下判断。就是因为这个缘故,我要小心从事,不去相信任何错误的东西,并且使我在精神上做好准备去对付这个大骗子的一切狡诈手段,让他永远没有可能强加给我任何东西,不管他多么强大、多么狡诈。

(笛卡尔,1986,22—23)

笛卡尔所说的恶魔有这样一个特点,即它构成了怀疑论假设(sceptical hypothesis)。① 如果一个人身处该假设情景,他就会遭受恶魔彻底的欺骗。恶魔的能力是极其强大的,它可以灌输任何感觉经验给受困主体,让该主体好像经历到丰富多彩的生活世界。在这一情景中,认知主体无法知道自己是否被恶魔欺骗。理由很简单,因为并没有任何方法或迹象可以帮助我们判断自己是否身处其中。假设有一种方法 M

---

① 在《第一哲学沉思集》第一章中,笛卡尔不仅提到了恶魔,还提到了做梦以及被上帝欺骗这些可能性。在笛卡尔看来,这些可能性都是我们广泛获得错误信念的可能性。恶魔的可能性虽然最后才出现,但却极具破坏性,因此受到了广泛的哲学讨论。

可以帮助我们判断是否身处怀疑论情景之中(比如,打自己一巴掌看是否感到疼,或者是旋转一个陀螺看它是否会停下来),并且进一步假设通过方法 M 得到结果 1(打自己不疼或者陀螺保持旋转)表示自己身处怀疑论情景,而通过方法 M 得到结果 2(打自己疼或者陀螺停止旋转)表示自己不在怀疑论情景之中。①

这种怀疑论情景检验的假设存在两个层面的问题。首先,怀疑论者会让我们解释为什么方法 M 可以用来检测怀疑论情景。是否我们已经事先知道结果 1 只出现在怀疑论情景,而结果 2 从不出现在怀疑论情景。这种事先的知识是否只是基于有限案例的归纳呢?如果是,那从逻辑上我们仍然不能排除得到结果 2 但我们仍身处怀疑论情景的可能性,即方法 M 的有效性受到质疑。但是,如果这种事先的知识不是基于有限归纳,而是拥有一种逻辑的确定性,即结果 1 蕴涵怀疑论情景出现,而结果 2 蕴涵怀疑论情景未出现,那么,我们是如何获得这一方法 M 呢?难道不要至少预设我们身处非怀疑论情景中做出观察吗?情况到这里变得很复杂,反怀疑论者很容易陷入循环论证之中。

其次,即使怀疑论者退一步承认方法 M 的确是一种有效

---

① 打自己一巴掌看会不会疼是电视剧中经常使用的方法,而旋转陀螺则是取材于电影《盗梦空间》。

的检验方法，我们仍然面临方法的有效使用问题。因为无论是结果1还是结果2，都依赖于我们通过经验的方式去获取。比如，我们要感觉到疼，要看到陀螺停止旋转，才能说我们获得了结果2，并因此可以判断自己不在怀疑论情景之中。但注意到怀疑论情景的一个关键特征是，我们可以被灌输任何感觉经验，包括我们利用方法M做检验获得结果的经验。也就是说，我们既可以真实地使用方法M获得结果1或结果2，也可能是受欺骗以为自己利用方法M并获得结果1或结果2。前者被我们预设是拥有反怀疑论效力，但后者却是没有的。所以，当我们有了类似结果1或结果2的感觉经验时，我们还必须进一步区分两种情况——我们真正完成了检验M，还是我们误以为我们完成了检验M。仅仅停步于此，对于反怀疑论毫无帮助，但如果想克服困难继续前行也非易事。如果我们再借助另外一种方法 M_2 来区别上面两种情况，我们仍然面临方法的有效使用问题，这里不再赘述。

可以发现，承认没有方法可以帮助我们判断是否自己身处怀疑论情景中是一个明智的选择。但是，做出了这样一个让步，是否我们还能获得任何有关外部世界的知识呢？一些读者可能熟悉笛卡尔的方案，他重新以"我思故我在"奠定了所有知识的基础，并且借助上帝的力量来拓展知识的范围。这条线并不是本书关注的重点，因此不会进一步展开。

上面已经大致介绍了怀疑论的涵义，以及所要重点处理的彻底怀疑论。哲学的讨论是基于论证的,所以,我们接下来就要关注支持彻底怀疑论的最好的论证。而在进入怀疑论论证之前,我想要讨论把怀疑论当作悖论(scepticism qua paradox)这种观点。这个讨论在两个方面是有帮助的。首先,它提供了一种较好的理解怀疑论的方式;其次,它对任何令人满意的反怀疑论方法提出哲学对话的要求。这两个方面的综合考虑是不能遗漏的。试想如果我们完全误解怀疑论的挑战,我们就不仅很难完满地解决怀疑论问题,而且无法看到怀疑论挑战所具有的积极价值。出于这些考虑,我们进展到下面的研究。

第二节 作为悖论的怀疑论

怀疑论悖论是当代理解彻底怀疑论的一个新框架。[①] 根据邓肯·普理查德(Duncan Pritchard,2009,13)的看法,怀疑论悖论与别的悖论相同,包涵一些陈述。这些陈述分别看来都是十分合理的,但放在一起却是不相容的。所以,怀疑论者通过展现一个悖论揭露了在知识论系统中深层次的困境。值得注意的是,这个悖论仅仅依赖于我们(非怀疑论者)认为合理的原则和概念,所以,即使事实上没有一个支持怀疑论结论的怀疑论者,我们仍然面临植根于知识论理论深处的怀疑论

[①] 这一解读思路可参见 Stroud(1984)、Cohen(1988)和 DeRose(1995)。

挑战。基于上述想法,本书将在后文论证为什么怀疑论悖论能给出最好的怀疑论论证。不过在此之前,我们先探究为什么要把彻底怀疑论当作一个悖论。

如果用 SH 代表怀疑论情景,S 代表一个认知主体,E 代表一个日常命题,可以把怀疑论悖论表述如下:

怀疑论悖论

(1) S 不知道-SH。
(2) 如果 S 知道 E,那么,S 一定可以知道-SH。
(3) S 知道 E。①

上述悖论包涵 3 个陈述。为何这 3 个陈述分开来看都十分合理,但放在一起却是不相容的?

一、如何理解怀疑论情景

陈述(1)的合理性依赖于怀疑论情景。怀疑论情景是一些思想实验,这些情景与我们日常生活所处的场景有着彻底的不同。如果我们身处怀疑论情景中,根据怀疑论情景的定义,我们所获得的感觉经验将会与真实生活的感觉经验是内

---

① 这一表述可参见 Pritchard(2015)。其他学者更倾向于把怀疑论悖论表述为论证的形式,在后文将看到。

在的不可区分的。这里需要注意两点。

首先,这种区分是从内在的角度来说的。也就是说,我们作为经验的接受者,无法区分哪一个是真实的感觉经验、哪一个是怀疑论情景中的感觉经验。内在的不可区分并不蕴涵外在的不可区分,因为我们从内在的视角无法区分的感觉经验,可以拥有完全不同的因果历史。

其次,这里的区分是基于感觉经验现象特征的区分。比如,关于一个苹果和一根香蕉的感觉经验有不同的现象特征,至少两者在形状和颜色上有显著差别,所以,我们可以通过现象特征上的差别来区分二者。当然,这里有一个预设,即从内在的视角来看,我们只能通过现象特征来区分物体。那么,是否有内在的但非现象特征的支持证据呢?本书将指出有这种证据,但此处我们可以暂时预设不存在除了现象特征之外的证据,并且继续我们的讨论。① 典型的怀疑论情景包括笛卡尔的梦境、强大的恶魔,以及希拉里·普特南(Hilary Putnam)的"缸中之脑"("brain in a vat")。"缸中之脑"描述的情景是这样的:想象自己只是漂浮在一个充满营养液的培养器皿里面的脑子,它被一台超级计算机连接着,并且输送信号刺激大脑皮层。② 也就是说,"缸中之脑"所获得的感觉经验都是电脑

---

① 参见本书知识论析取主义对有利型支持的讨论(第六章第三节),以及解释主义对于解释性美德的讨论(第八章)。
② 读者也可以观赏电影《黑客帝国》来获得类比性理解。

信号的刺激,并非来自客观的外部世界,但它却无法得知该经验的来源。

看来我们的确无法排除我们身处怀疑论情景这种可能性,这也就意味着我们无法知道怀疑论假设是错的。追随凯斯·德罗斯(Keith DeRose,1995,1),我们可以把这一想法称为无知论题(the ignorance thesis)。

无知论题

任何人无法知道怀疑论假设是错的。①

根据该论题,任何人都不能知道怀疑论假设是错的。那么,怀疑论假设最根本的作用是什么呢?为了更好地理解怀疑论假设或怀疑论情景的实质,我们接下来看一个相关的争论。争论的双方分别把怀疑论情景看作错误可能性与无知可能性,那么,哪一方的观点更为合理呢?我们分别来看。

根据第一种看法,怀疑论情景本质上是错误可能性。这种看法允许两种解读:一种较强的解读是,在怀疑论情景中我们的信念会全部出错;一种较弱的解读是,在怀疑论情景中我们的信念会广泛地出错。强解读会让这种观点变得很容易遭

---

① 值得注意的是,DeRose(1995,1)并没有直接把这个原则称为无知原则,但他把以此原则为前提的论证称为无知论证(the argument from ignorance)。

受反驳,具体的困难可见下文对错误可能性的批评。一种更合理的解读是弱化的理解,因为只要我们的信念广泛地出错,即使不是全部出错,怀疑论的幽灵也已悄然而至。

当我们处于一个怀疑论情景中,我们根据感觉经验去判断外部世界的情况时,我们的信念会陷入广泛或全部的错误。试想,一个"缸中之脑"有类似自己看到一束美丽的郁金香的感觉经验,此时它相信自己面前有一束美丽的郁金香。但是,"缸中之脑"的感觉经验并不是由真实的郁金香引起的,它的周围只有一台放着超级电脑的实验室和几位丧心病狂的科学家。所以,它的信念是错误的。① 毫无疑问,身处怀疑论情景中,我们可以有类似日常生活的一切感觉经验,但一旦我们马上形成判断,我们的信念将会是错误的,因为实际上世界并非如此。并且在当代知识论的讨论中,知识有事实性要求,即:能被我们知道的命题一定是真的命题。② 因此,错误的信念不满足事实性要求,从而导致知识的广泛缺失。

---

① 在本书中,"相信"对应的是"believe",用作动词;而"信念"对应的是"belief",用作名词。
② 为了防止混淆,读者可以对比"能被我们知道的命题一定是真的命题"和"能被我们知道的命题是一定真的命题"两种说法。后者强调的是命题的模态属性,而前者并没有这一额外要求。也就是说,根据前者的表述,偶然命题与必然命题都可以知道,但根据后者的表述,只有必然命题才可知。本书用的是前一种表述。

根据第二种看法,怀疑论情景本质上是无知可能性。① 一种无知可能性不一定是错误可能性,一般来说,它是一种主观的不可分辨性(subjective indistinguishability)。② 这个想法与我们对怀疑论情景特征的理解是一致的,也就是说,如果一个人处于怀疑论情景中,他就会拥有与真实场景中主观不可区分的经验,从而导致他无法根据感觉经验来判断自己到底处于哪个场景。可以发现,采取这种观点有一个直接的好处,即:在我们拥有主观不可区分经验的基础上,怀疑论可以随意配置怀疑论场景,或者让我们的信念为真,或者让我们的信念为假。无论何种情况,我们都会广泛地缺乏知识。有两个方面的理由支持此种解读。

一方面,即使在怀疑论情景中,我们的信念全部出错也是不可能的。有 4 个进一步的理由支持这种想法。第一,我们的一些信念在某个怀疑论情景中不可能出错。比如,在"缸中之脑"场景中,根据对于这个场景的标准设置,我的信念"房间内有一台计算机"就是真的,或者我的信念"我的脚少于 4 只"也是真的,因为在"缸中之脑"场景,我只是一个漂浮着的大脑,一只脚都没有,因此断定我的脚少于 4 只也是真的。

---

① 支持这种理解方式的学者可参见 Beebe(2010)、Schaffer(2010)、Murphy(2013)和 Kraft(2013;2015)。
② 这种理解可参见 Beebe(2010,465)。

第二，我们所拥有的某些必然为真的信念是不会错的。比如，我们相信单身汉是未婚的或者猫是动物，那么，即使怀疑论情景中没有单身汉和猫，上述命题仍然为真。蒂姆·克拉夫特(Tim Kraft，2013，65)也指出，基于经验证据相信一个逻辑重言式也是不会错的。比如，"缸中之脑"好像看到一只狗在追一个网球，它不确定狗的种类，于是相信命题〈或者一只雪纳瑞在追网球，或者不是如此〉。① 这个信念虽然是基于经验形成的，但仍然是一个重言式，因此在怀疑论情景中仍然为真。

第三，如果我们采取普特南式的外在主义语义学，我们对于信念是否普遍出错的直觉就需要改变。因为根据内容外在论(content externalism)，一个表达式的内容是部分地由外部环境(自然环境或社会环境)决定的。所以，在日常语境中，我们的"石头"指称自然界里的石头，"狗"指称自然界里的狗。不过如果进入像"缸中之脑"这样的怀疑论情景，我们的"石头"和"狗"都会改变其指称，从而不再指向自然界里的东西，而是指向让我做出肯定性回应的那些电脑刺激信号。这是因为，当我获得一些类似石头的感觉经验时，这实际上是由电脑模拟石头图像的信号造成的。所以，我用"石头"这个词就会在该环境中指向实际造成我使用这个词的感觉刺激来源。当

---

① 为了阅读方便以及避免不必要的混淆，本书中使用"〈〉"表示命题的内容。

我相信"前面有一块巨石"的时候，我实际上相信的是我受到了一个大脑刺激，这个刺激有这样一个特征——它模拟了一个关于巨石的图像。经过这样的转换，认为我们的日常信念一旦转移到怀疑论情景中就会普遍出错是值得商榷的。也许一种更为合理的说法是，进入怀疑论情景中，我们的信念不再表达日常情景中的东西。

第四，试想在我们的信念集合中，如果已经包含有逻辑关系的信念，该信念集合中所有信念出错也是不可能的。比如，如果一个人同时相信 P_1〈我有两只手〉和 P_2〈我双手上带着手环，这不是事实〉，我们可以发现这两个命题有这样的逻辑关系，即 P_2 的否定式蕴涵 P_1。这就意味着，一旦 P_2 为假，P_1 就必然为真，所以，P_2 和 P_1 不可能同时为假。由此可见，要想让我们的经验信念全部为假，是不可能的事。

另一方面，即使我们在怀疑论情景中获得了真信念，这些信念也不构成知识。也就是说，信念为假并不是达到怀疑论结论的必要条件或唯一途径。我们可以看一下摩尔的这段话：

> 但是，另一方面，从我在做梦这一假设无法推出我并未站着；因为这种情况的确是在逻辑上可能的，即一个在站着并未躺下的人迅速入睡并且开始做梦。所以，在逻辑上我可能站立着并且同时梦到我在站着。大名鼎鼎的

德文郡公爵就有这样一个故事,有一次他梦到他在上议院发言,当他醒来的时候,他发现自己的确是在上议院发言。上述情况就和这个故事一样,在逻辑上是可能的。

(Moore,1959,245)

在上面的故事中,德文郡公爵的信念虽然是真的,但却是碰巧为真,因此不能成为知识。因为梦到命题 P 并不是知道命题 P 的一种方式。在当代知识论的讨论中,知识不仅有事实性条件,还需要满足非碰巧为真这一条件。比如,一个人在考试时猜对了某道题的答案,他就因此知道这道题的答案吗?知识的辩护(justification)条件曾被用来满足这一条件,即:我们不仅持有某个真信念,而且我们的认知行为是合适的。所以,即使我们拥有真信念,我们也不一定拥有知识。

此时的核心问题是理解怀疑论情景时应该采取哪种观点呢?这个问题学界仍在争论之中。① 不过考虑到基于无知可能性的怀疑论论证面临一系列问题,而基于错误可能性的怀疑论论证已经受到学界的充分关注和讨论,在本书中我们不妨追踪当代反怀疑论的主线,继续沿用错误可能性这一解读。

现在我们来看怀疑论悖论中的陈述(2)。陈述(2)是由一

---

① 感兴趣的读者可参见历清伟和王聚(2017)对此的进一步讨论。

个一般性的原则所支持的,我们可以称之为闭合原则。① 闭合原则的主要想法是,知识是闭合在已知的蕴涵之中。当一个人知道某个命题,并且他也知道该命题蕴涵另外一个命题,而且他有能力做出这样的逻辑演绎,他就可以知道另外一个命题。这个想法可以更精确地表示如下:

闭合原则(the closure principle)
(CK)对于所有的 S,P,Q,如果 S 知道 P,并且 S 可以力所能及地从 P 演绎出 Q,那么,S 就可以知道 Q。②

根据这个原则,我们可以通过命题之间已知的蕴涵关系来拓展自己的知识。这种情形看起来是十分合理的。比如,

---

① 支持闭合原则的代表性学者可参见 Stroud(1984)、Feldman(1995)、Williamson(2000)和 Pritchard(2015)。
② 闭合原则有其他表述方法,但合理性降低。试比较下面两种不同的表述:
(1)对于所有的 S,P,Q,如果 S 知道 P,并且 P 蕴涵 Q,那么,S 知道 Q。
(2)对于所有的 S,P,Q,如果 S 知道 P,并且 S 知道 P 蕴涵 Q,那么,S 知道 Q。
相比于在正文中给出的版本,这两个闭合原则各有缺陷。(1)的主要问题是,即使 S 知道 P,如果 P 和 Q 之间的蕴涵关系不为 S 所知,那么,S 并不能直接知道 Q。思考数学中公理和定理之间的关系就可以展示这一点。虽然 S 知道公理,并且公理与定理之间是可证明的,但 S 并不因此知道公理所蕴涵的每一个定理。关键是 S 需要知道两者之间的演绎关系。(2)没有(1)的这个问题,但还忽略了一种情况,即:虽然 S 知道 P 以及 P 和 Q 之间的逻辑关系,但如果 S 并未考虑 Q,也没有形成有关 Q 真值的信念,那么,S 仍然缺乏对 Q 的知识。

我知道复旦大学在上海,并且我从此命题演绎出复旦大学在中国,那么,我难道不能基于此知道复旦大学在中国吗?读者也许会发现陈述(2)(如果 S 知道 E,那么,S 一定可以知道 - SH)看起来并不是闭合原则的一个直接应用。不过(2)所说的主要思想是,如果我们知道任何的日常命题 E,并且由于闭合原则的帮助,我们就应该可以知道那些被 E 所蕴涵的命题。而且当我们意识到两者之间的蕴涵关系时,这个想法就显得更加合理。由于一个日常命题 E 是与怀疑论假设 SH 不相容的,那么,可知 E 蕴涵 - SH。[①] 也就是说,基于闭合原则,如果我们拥有日常知识,并且我们意识到日常命题与怀疑论命题之间的不相容,我们就应该能知道怀疑论假设是错。但是,如果我们不能排除怀疑论假设,根据条件句推理的否定后件式,我们就无法知道任何日常命题。

现在我们来看陈述(3)。该陈述说的是我们知道许多日常命题。比如,我知道我有一双手,或我知道我正在用电脑输入文字。在正常情况下,我们认为自己拥有很多关于日常对象的知识,这些日常对象如树木、书、石头、自己的随身物品等。可以预见,与日常知识相对应的是,依赖专业知识和精密设备的科学知识,后者的获得往往比日常知识更困难,也存在

[①] 这里的理解就是基于怀疑论情景是一种错误可能性,因此日常命题与怀疑论情景不能同时为真。

更多争议。一般的认知者也许缺乏科学知识,但几乎没有人会否认自己拥有日常知识。当日常认知者被问起自己知识的证据时,他们也会自然地诉诸自己的知觉证据。在日常生活中,我们同样也赋予别的认知者这一类日常知识。显而易见的是,陈述(3)其实是刻画了我们常识的一部分。

我们已经初步展示了怀疑论悖论中 3 个陈述的合理性,接下来我们来看为什么要以悖论的方式理解怀疑论挑战。这种理解方式应该归功于斯特劳德(Stroud, 1984, 82)。他指出,怀疑论是一个悖论,并且怀疑论结论仅仅产生于非怀疑论者也接受的一些显见真理。这一观点深刻地影响了当代知识论学界。① 一般来说,如果某个问题是一个真正的悖论,那么,这个问题一定很难解决,因为藏匿于悖论之下的想法会是十分符合直觉的。我们试以模糊性问题(sorites)为例来看一下悖论。②

秃子论证

(秃子1)一个有 10 万根头发的人不是秃子。

---

① 我可以列举受此观点影响并支持这种看法的一些重要学者,如 Cohen(1988)、Wright(1991)、DeRose(1995)和 Pritchard(2015)。
② 另一个表述模糊性悖论的方式如下:
(1)一个拥有 10 万根头发的人不是秃子。
(2)一个没有头发的人是秃子。
(3)因此一定存在某个头发数量 n,它是划分了秃子与非秃子的界线。

（秃子2）如果一个人有10万根头发,他拔掉1根头发不会变成秃子。

（秃子3）一个有99 999根头发的人不是秃子。

（秃子4）如果一个人有99 999根头发,他拔掉1根头发不会变成秃子。

（秃子n）一个有0根头发的人不是秃子。

在上述推理中,（秃子1）是一个经验知识,因为正常人的头发数量为8万根左右,所有拥有10万根头发的人自然是毛发浓密的,不是秃子。并且由于他拔掉1根头发也不会因此变为秃子,所以,基于（秃子1）和（秃子2）我们可以得到（秃子3）。反复进行这样的操作,我们最终可以得到（秃子n）。可问题是在整个推理过程中我们都用的是演绎推理,并且推论的前提都为真,那么,最终的结论也应该为真。但是,我们几乎没人愿意接受（秃子n）这个陈述,问题出在哪里呢？我们只知道肯定有问题,但似乎产生问题的诸多前提又十分合理,于是,模糊性问题就具有悖论特质。

也许读者很容易觉得（秃子1）与（秃子2）是合理的,但却不一定感受到怀疑论悖论中的陈述(1)与陈述(2)拥有同等程度的合理性。对于陈述(1),普通民众很有可能无法理解(1)在说什么。怀疑论假设是个高度技术化的术语,远远不像"10万根头发"和"秃子"一样出现在我们的日常生活中。所以,如果我们询问一位路人是否陈述(1)说的是对的,他很有可能无法用直觉判断,而是需要一番思考。当然,哲学家可以教会路人什么是怀疑论情景,比如,借用《黑客帝国》与《盗梦空间》中的场景帮助他们理解,进而帮助他们识别陈述(1)的合理性。

二、知识与怀疑:从日常层面到哲学层面

陈述(2)所面临的困难更大,因为普通人完全会觉得该陈述是不合理的。为什么我们必须知道我们不在怀疑论情景之中才能知道日常命题呢?从常识的视角出发,这样的要求完全是荒谬的,更别提合理性了。我们可以类比考虑这样一个问题:是否存在大学生?假如根据常识标准,每个城市都有很多大学生,而大学生就是那些正在接受基础高等教育而还未毕业走进社会的人。针对这一问题的怀疑论者宣称世界上没有大学生。这个结论让我们感到很惊讶。我们会反问,难道遍地的大学生都不是大学生吗?怀疑论者会解释说,他们所说的大学生指的是正在接受基础高等教育而还未毕业走进社会的人,并且是一天内读完所有历史上自然科学和人文社会科学著作的人。根据怀疑论者的标准,没有这样不可思议的大学生。但是,面对这个怀疑论结论,我们并不会感到担忧,毕竟他们谈论的对象与我们谈论的对象有巨大的差别。也就是说,即使没有怀疑论者所说的"大学生",还是存在很多我们所说的"大学生"。

陈述(2)中的关于知识的标准,是否面临同样的挑战呢?这里的关键问题是,我们必须反思在日常生活中什么是知识。我们可以从这种想法开始,即:要知道一个日常命题,我们需要排除一些与该命题不相容的相关候选项(relevant alternatives)。① 比如,一个人站在水果摊边,要知道某物 A 是榴莲,他要排除的相关候选项如下:A 是菠萝蜜,或者 A 是芒果。一方面,任何一个候选项都与 A 是榴莲不能同时为真;另一方面,这些可能性是相关的,这主要体现在菠萝蜜或芒果一类的水果与这个情景高度相关,而且它们作为一种常见水果,出现的概率很高。关于相关性这个概念,学界有进一步的讨论,这里不再赘述。我们只需要把握一个要点,即:在我们日常的知识标准中,我们要排除的候选项是有限制条件的,而非仅仅是逻辑不相容的。在这一点上,我打算展开进一步的讨论。

约翰·奥斯汀(John Austin)指出,哲学家在评价我们的知识时,并没有对日常情况给予足够重视。哲学家并不清楚,当问"你如何知道"时,实际上到底发生了什么。举例来说,当蓉蓉仔细观察皇家花园,发现树上有一只金翅雀(goldfinch)时,她对身旁友人说,"花园里有一只金翅雀"。此时,她也许

---

① 该思想源头可以追溯到 Dretske(1970)。他在文中讨论了被巧妙涂抹的骡子(cleverly-painted mules)案例,关于该案例更多的讨论可参见本书第五章。

会被反问:"你如何知道花园里有一只金翅雀?"她可以用下面的方式来回答:

(1) 自己以前是如何获得有关金翅雀的知识的。

(2) 自己所知道的有关英国的小鸟的一般知识。

(3) 自己在当下场景如何知道花园里有一只金翅雀。

回答(2)对于问题来说是不充分的。如果蓉蓉说因为那只鸟的羽毛是黄色的,所以它是一只金翅雀,她会面临如下的质疑:这个证据不够,很多鸟都有黄色的羽毛。所以,即使这只鸟有黄色的羽毛,这只鸟很有可能是金丝雀(canary)或黄鹂(oriolus)。这里蓉蓉面对的质疑其实是一个相关候选项,但奥斯汀继续指出,我们平常断言和质疑的程序与哲学家的知识探究是有差别的。在平常生活中,当我们由于某人证据不足以反对某个陈述是知识的时候,我们接受下面两点。

首先,证据的缺乏一定是某种确定的缺乏。质疑者会提出某些我们明确需要排除的候选项,如上面问题中的金丝雀或黄鹂。如果质疑者并未提出任何明确的相关候选项,即使蓉蓉的证据不足,也不应该无限制地要求她提供更多的证据,因为这样一种要求是令人无法容忍的。

其次,足够的证据并不意味着一切,奥斯汀说道:

足够就是足够,它并不意味着所有。足够意味着足够证明这样一个事实,即:它不可能是另外的样子,那些

> 有关它的替代的、竞争的描述在这里无立足之处。举例来说,足够并不意味着足够证明它不是一只被填充的金翅雀。

(Austin, 1961, 84)

也就是说,当蓉蓉要知道花园里有一只金翅雀,她根本不需要排除它是一只被填充的金翅雀这个候选项。基于相同的思路,我们是否可以说,如果 S 知道一个日常命题,那么,S 并不需要知道怀疑论假设为假吗?在奥斯汀看来,除非有特别的原因,否则类似被填充的金翅雀这样的可能性是不相关的。这里的特别原因应该理解为,质疑者不仅要指明知识在这里缺失的可能性(definite lack),而且他还需要理由认为这个缺失的可能性在这个场景是会出现的,否则我们就还是处于正常情况。只要处于正常情况,类似被填充的金翅雀,或者像"缸中之脑"、全能的恶魔一类的怀疑论假设都是不相关的。因为即使怀疑论者已经明确地提出一种明确的缺乏,但有理由认为这个缺失的可能性会在这个场景出现吗?所以,根据奥斯汀所给出的思路,怀疑论假设是与日常命题不相关的候选项,因此不需要我们排除。

此时,斯特劳德(Stroud, 1984)却指出奥斯汀的看法存在问题。对于斯特劳德来说,如果排除怀疑论假设是我们知道外部事实的一个必要条件,那么,我们无法排除这种情况就意味着我们无法拥有知识,即使在日常生活情况中我们一直坚持需要排除这种可能性是不合理或不合适的。为了理解这一点,我们可以看一下战机侦察案例。

在战争时期,侦察员需要通过训练来识别飞机。侦察员会参加一门快速且简单的学习课程,在课上学习不同飞机的区别性特征,以及如何发现这些特征。他们可以从战机识别手册上获得这些知识。比如,一架飞机如果有特征 x, y, w,这是 E 战机;如果它有特征 x, y, z,这是战机 F。但另外有一种 G 战机,这种飞机数量很少,造成的威胁也小,虽然它也有特征 x, y, z,但为了简化识别程序就没有告诉侦察员存在这种飞机。[1]

现在让我们假设有一位训练有素的仔细的侦察员。他只有观察到 3 个特征都有时,才会报告总部说有一架 F 战机。他的识别理由也是因为该战机有 x, y, z 特征,所以是 F 战机。而总部也会因为这个理由足够充分,认为他的报告是合适的。但是,当我们从一个外部视角来看,即使是这位训练有素的仔细的侦察员也是缺乏知识的。当然这里我们说他不知道飞机是 F 战机,并不是批评他表现不好。他训练有素,而且

---

[1] 这个案例来源于 Clark(1972,759)。

执行任务很认真。我们日常人甚至都不关心这架飞机是 F 还是 G 战机。虽然我们说他不知道这是 F 战机,但就所有的实践目的来看,我们仍然可以说,他能说知道这是 F 战机。这种知识被称作满足实践目的之知。我们的情况与这位侦察员很像,我们平常也没有去考虑或排除一些可能性。但是,我们不能从我们仔细且不昧良心地遵循了日常生活的步骤和标准,推出我们的确知道我们宣称知道的那些东西。

为了让讨论更深入一步,我们可以对比一位训练有素的侦察员、一位反思的侦察员与一位不称职的侦察员。一位不称职的侦察员,会在观察到 x, y 两个特征以后,或者说猜测 z 特征以后,就报告总部说有一架 F 战机。总部当然会认为这样的断言是不合理的,因为一架战机有 x, y 特征,它还有可能是 E 战机,所以,这位不称职的侦察员并不知道这架战机是 F 战机。我们作为局外人获得 G 战机的信息以后,判断有 x, y, z 不足以证明一架飞机是 F 战机,难道不是基于同样的道理吗?虽然在侦察活动中训练有素的侦察员可以合理地报告说有一架 F 战机,但这并不代表他事实上知道有一架 F 战机。而且这个事实是训练有素的侦察员自己会接受的。倘若一位侦察员结束了一天的任务,躺在床上翻看自己的战机识别手册并继而开始反思活动,我们可以称之为反思的侦察员。一位有反思能力的侦察员能意识到,是否他知道这架飞机是什么战机与是否他知道这个手册会说飞机是什么战机,这是两个问题。反思者可以意识到他是否拥有知识,依赖手册是否可靠,而我们处于局外人视角知道手册是否可靠。所以,一旦反思的侦察员意识到手册因为实用因素而故意遗漏了某些信息,他也会对自己的知识状态产生怀疑。而我们恰恰处在一个更有利于判断侦察员是否拥有知识的立场。

所以,斯特劳德来看怀疑论和日常语境用的是同一个知识标准,怀疑论者并没有扭曲或脱离日常使用。那为什么日常认知主体感觉不到呢?怀疑论者会说,这是因为在日常生活中知识标准会受制于社会实践、行动的急迫性、信息获取的成本、获得证据的技术限制等非认知因素。这些因素解释了为什么我们在日常生活中满足于那些并不足以称为知识的状态。但是,一旦我们采取一种抽离的立场,我们就会意识到这种不足。在抽离的立场中,我们只关心知识问题,我们的评价就不再受实践限制。可以看出,当我们关心是否我们拥有知识的时候,我们最关心的因素应该是认识论因素。但在日常语境中,我们无法只关心认识论因素,而是必须受制于诸多实践因素。怀疑论者所希望我们做的,是在进行哲学思考时抛开实践因素的诸多限制,专心于认识论方面的问题。这种立场其实是一种纯粹化的知识立场,一种摆脱了实用因素对认知因素的干预的立场。所以,陈述(2)(如果 S 知道 E,那么,S 一定可以知道-SH)就是在刻画知识的要求,该要求是我们日常的知识要求的纯粹化或抽离化的版本,而非扭曲或变态的版本。

不过斯特劳德的结论也会面临攻击。我们可以从维特根斯坦(Wittgenstein)《论确定性》(On Certainty)一书中发展出一条批评思路。在该书中,维特根斯坦指出,日常的认知评价和怀疑论的认知评价是以完全不同的方式进行的。在日常生活中,我们的认知评价依赖于枢纽命题(hinge propositions)。枢纽命题是我们赋予最高确定度的命题,因此我们会以它们为基础去评价别的命题的真假,而它们自身则免于怀疑。比如,当考古学家在确定海昏侯墓墓主身份时,他们会持有一系列枢纽命题。比如,地球不是5分钟前才产生的,以及针对历史事件是可以拥有知识的。如果这些命题遭受怀疑,考古学家就无法理性地评估某个考古发掘的证据与所需要断定的史实之间的关系。值得注意的是,要使得我们的认知评估得以发生,我们必须在方法论上预设枢纽命题。所以,日常的认知评估实践在本质上是局部的(local),也就是说,并不是所有的命题都被我们一次性打包起来进行评估。维特根斯坦是这样评论的:

这就是说,我们所提的问题与我们的怀疑依靠于这一事实,即某些命题不容怀疑,好像就是这些问题和怀疑赖以转动的枢纽。

这就是说,某些事情事实上是不受怀疑的,这一点属于我们科学研究的逻辑。

但情况并不是这样:我们根本不能研究一切事物,因此不得不满足于假定。如果我想转动门,就得把门轴固定下来。

(Wittgenstein,1969,341—343)

既然我们日常的认知评估必须预设枢纽命题,而且是以一种局部的方式进行,那么,除非怀疑论的认知评估与日常认知评估共享这一本质特征,否则前者与后者将会具有本质性区别。普理查德(Pritchard,2014,219)指出,怀疑论的认知评估本质上是全局性的(wholesale),它旨在一次性评估我们所有的经验信念,因此,没有任何经验信念被留下来充当枢纽命题。回想一下怀疑论者的想法,他们所告诉我们的是,任何经验信念都依赖于知觉证据,但是,我们仅凭知觉证据又无法知道是否怀疑论情景为假。由于所有的经验信念都不满足知识的要求,我们原则上就无法获取经验知识。既然怀疑论者是以这种方式进行认知评估,那么,怀疑论认知评估与日常认知评估就并非像斯特劳德所刻画的那样,是一种纯粹的版本,而是一种变态的版本,两者的差异是种类上的,而非程度上的。① 这进一步意味着,怀疑论悖论并非是一个真正的悖论,

---

① 这一结论可参见 Pritchard(2014,220)。

而只是一个伪装的悖论。该伪装的悖论由一系列正确无误的常识看法和理论假设组成。这些理论假设是有问题的，但我们还未能成功识别出其错误所在，所以，误把它们当成毫无问题的思考前提。揭示这些理论假设到底在哪里出错是一项艰巨的任务，我们必须通过哲学诊断（diagnosis）的方法揭露问题之所在，才能充分消解该伪装的悖论。

三、如何应对怀疑论悖论

既然怀疑论植根于我们的理论基础之中，我们应该怎么办？意识到这一点之后，哲学对话的情况会变得完全不同，我们至少应该意识到下面3点。

首先，怀疑论者并不需要论证自己的陈述。他们所需要的仅仅是反怀疑论者已经认为理所当然的陈述。怀特（Wright, 1991, 89）指出，怀疑论论证由一些看起来合理的前提和有效的论证组成，最后引出令人难以接受的结论 B。因此可以把怀疑论论证形式化为 $(A_1 \wedge A_2 \wedge A_3) \rightarrow B$。由于我们拒绝结论 B，就意味着我们要拒绝 $(A_1 \wedge A_2 \wedge A_3)$。但拒绝 $(A_1 \wedge A_2 \wedge A_3)$ 并不等同于拒绝 A_1，A_2 或者 A_3。也就是说，如果缺乏进一步的哲学诊断，我们只知道 $(A_1 \wedge A_2 \wedge A_3)$ 是有问题的，但并不知道具体是哪一个陈述引起的问题。所以，除非我们发现某一个陈述是可疑的，怀疑论者不需要提供额外的论证支持。

其次，一个令人满意的反怀疑论方案要阻挡怀疑论论证。由于怀疑论论证是以一种看似悖论的方式被提出，因此怀疑论挑战就是来源于我们也接受的理论前提。为了给出一个具有理智安慰效用的回应，我们不能仅仅阻挡住怀疑论论证。如果怀疑论被理解为一个理论的姿态，这个方法也许是有效的。因为按照这种方式把握怀疑论，怀疑论必须需要一个支持其结论的论证。而如果经过细致检查该论证的前提是有问题的，我们就不会被该论证所说服，并且此理论也会被证明是站不住脚的。根据前面的讨论，怀疑论只依赖于我们的常识看法，因此它所揭示的问题恰恰是我们自身立场的问题。除了阻挡住怀疑论论证，我们还必须指出，哪些我们曾经毫不怀疑的前提是有问题的，而这些前提又如何引发了怀疑论结果。正如怀特所言，

  我们不能满足于用以下的方式回应怀疑论论证：攻击怀疑论结论的稳定性，或是攻击怀疑论前提之间的融贯性……消解一个悖论要求我们给出一个相当细致的诊断，并且该诊断揭示出悖论的诱惑力所在。

（Wright，1991，89）

再次，仅仅指出怀疑论论证自我驳斥是不起作用的。如果该论证的某个前提与其结论是不相容的，该论证就是自我

驳斥的。也就是说,当我们指出怀疑论论证是自我驳斥的,我们所说的是怀疑论的某个前提与其结论是不相容的。因此怀疑论的立场是缺乏一致性的。比如,有哲学家会论证说怀疑论者必须承认我们拥有富有意义的语言,我们拥有思想和信念,否则怀疑论攻击无从入手。如果那些预设(或者它们的必要条件)与怀疑论结论不相容,彻底怀疑论就是自我驳斥的。这种反驳怀疑论的方式受到了广泛的讨论。① 但是,这一方法在对话意义上是无效的。因为怀疑论者仅仅依赖我们也接受的理论前提,那么,当我们指出怀疑论结论是自我驳斥的,我们不是同时也把自己的立场标示为自我驳斥了吗?所以,仅仅宣称怀疑论结论是无意义的或不可理解的并不能带来任何的理智安慰,反而增加了理智上的担忧。我们担忧的是,为什么我们会支持一些分而合理、合则不相容的陈述呢?如果我们要消除怀疑论所引起的理智上的不安,我们就得谨慎使用这种反怀疑论策略。当然,这并不意味着该策略是完全无用的,如果增加哲学诊断的成分,我们还是可以期待一个令人满意的反怀疑论方案。②

---

① 这一进路一般包括使用先验论证(transcendental arguments)的方法来反驳怀疑论者。相关的讨论可参见 Bennett(1979)、Strawson(1985)和 Stroud(1984)。
② 在 Wang(2017)中,我指出弱化的先验论证是可以和哲学诊断相结合的,并且给出了一个基于维特根斯坦哲学的实例。

我们要寻找怀疑论论证,但一个悖论并不直接就是一个论证,因此我们可以稍加修改,把怀疑论悖论转换成一个论证(SH 代表怀疑论情景,S 代表一个认知主体,E 代表一个日常命题)。

怀疑论论证

(4) S 不能知道 - SH。

(5) 如果 S 知道 E,那么,S 一定能知道 - SH。

(6) 因此 S 不知道 E。

这个论证为怀疑论结论提供了强有力的支持,这表现在该论证的论证力度很强。一方面,它的结论具有广泛的破坏力,并且在模态意义上是很强的;另一方面,该论证的前提是很符合直觉的,因此并非是很容易被拒绝的。更具体一点,怀疑论论证的强度可以从以下 3 个方面来展现。

首先,结论的普遍性。我们看陈述(6),里面的 E 可以替换为任何日常命题,因此任何日常知识都会受到怀疑论攻击。我们可以把 S 和 E 分别替换为随意一个认知者和一个日常命题,因为所有的认知者都是通过经验的方式来获取日常命题,并且几乎所有的经验命题都是与怀疑论情景不相容的。因此针对任何的经验命题,我们都可以写出一个新的怀疑论论证。以这样的方式重复下去,关于外部世界的知识就会被全盘否定。因此该论证的结论具有普遍性。

其次,模态词汇。我们在评价怀疑论的主张时,可以考虑其包涵的模态词汇。陈述(4)中的"不能"指的是在任何情况下 S 知道怀疑论情景为假是不可能(impossible)的。这里我们需要准确把握怀疑论的主张。怀疑论并非说,由于我们在形成信念的过程中不够仔细认真,在形成信念的过程中受制于认知偏见,或者说我们受制于实践因素、认知能力的限制从而在当下缺乏知识。如果怀疑论者说的仅仅是这么一个想法,它就顶多算是一个善意的提醒,提醒我们认识到我们的信念形成与评估过程是不完善的、是有缺陷的。但这并不排除如果我们再仔细一点,并且借助更加发达的科学技术的帮助就可以获得知识的可能性。怀疑论说的是,无论我们如何努力完善我们的认知机制,我们都在原则上无法获取知识。

再次,悖论。通过给出一个悖论,怀疑论者不仅可以轻易地在此基础上构建怀疑论论证,而且揭示出一个内在于我们的知识理论中的矛盾。在此意义上,怀疑论问题是内生的和内化的,而且怀疑论在本体论上的承诺是很小的,它并不总是依赖于哲学中的二元论。当一个认知者被要求排除错误的可能性时,怀疑论者经常会诉诸怀疑论情景来引发错误的可能性。也正是因为诉诸怀疑论情景,怀疑论者预设了心灵表征与独立于心灵的实在之间的差异。正是在形而上学层面有了实在与心灵之间的鸿沟,怀疑论者可以轻易地发起对知识的攻击。那么，是否我们拒绝了二元论，怀疑论就会随之被拒绝呢？令人沮丧的是，在观念论的立场上同样可以得到怀疑论结论。格雷科（Greco，2008，118）给我们一个例示，他展现了在贝克莱（Berkeley）的观念论立场上，笛卡尔的怀疑论结论如何得到。根据格雷科的观点，虽然贝克莱承认所有的存在都是心灵与观念，但老虎与老虎的幻觉是有差别的。前者由一束融贯且稳定的观念组成，而后者缺乏这种有序性。基于这个差别，并且引入前提，即：一个人的知觉证据就是他当下拥有的感觉经验，那么，当下的表象无法排除未来表象不融贯和不稳定的可能性。因为短暂的表象即使拥有最初的稳定性和融贯性，却可以在稍后的时段变得失去稳定性和融贯性，进而变成幻觉。举例来看，在 t 时刻我有类似老虎的经验既可以引向一只实际的老虎，也能因为在 t 时刻后变得无序从而走向老虎的幻觉。如果一个认知者无法在 t 时刻区分上述两种情况，怀疑论结论就会产生。这里的短暂讨论让我们意识到，只要预设了表象与实在之间的差别，在任何形而上学立场上都能产生怀疑论。这个差别是十分合理的，因为我们普遍认为事物并不总是像它们所显现的那样。一旦失去这一区分，我们甚至都无法区分真信念与假信念。试想如果事物总是像它们所显现的那样，我们还可能拥有错误的信念吗？我们的信念是可错的，并且我们偶尔会持有错误的信念。这个形而上学的承诺是合理的，而怀疑论仅仅依赖于这个基础就能产生。

总结来看,怀疑论悖论不仅是有力的论证,而且在本体论上承诺很少。也就是说,我们所面临的挑战是来源于知识论的内部。为了把这种挑战更清晰地展现出来,本书将在第二章进一步讨论彻底怀疑论的两个关键论证及其关系。

小结

在这一章中,我们刻画了本书所讨论的怀疑论——彻底怀疑论,该理论主张关于外部世界的命题知识是不可能的。该怀疑论所依赖的前提看似是非怀疑者也接受的,比如,认知者在怀疑论情景中会陷入广泛无知这个事实,日常怀疑与哲学怀疑有着根本上的相似,以及对于知识闭合原则的使用。也就是说,怀疑论以悖论的方式发起了挑战,它指出怀疑论的结果是深藏在知识论理论之中的,而并非是一个外部的挑战。这样看来,一个令人满意的反怀疑论方案不仅要阻挡怀疑论论证,还要提供理论诊断来告诉我们该悖论到底哪里是错误的,以及为什么我们无法轻易发现怀疑论的陷阱。

第二章
怀疑论的论证

在怀疑论悖论中,虽然每一个陈述看起来都是合理的,但我们同时持有三者会陷入困境。3个陈述之间是逻辑不一致的,而我们可以用如下的论证展现其中的逻辑不一致。这个论证也被称为基于闭合原则的怀疑论论证(the closure based sceptical argument)。

基于闭合原则的怀疑论论证

(CK_1) S 不能知道 $-SH$。

(CK_2) 如果 S 知道 E,并且 S 知道 E 蕴涵 $-SH$,那么,S 就可以知道 $-SH$。

(CK_3) 因此 S 不知道 E。

该论证的结论是,S 不知道任何日常命题。也就是说,任何人都无法拥有日常知识。这个结论与我们的常识有着极大冲突,因为我们都认为自己拥有很多的日常知识。但如果我们意识到(CK_1)和(CK_2)都是合理的前提,并且整个论证推理有效,我们就无法避免(CK_3)这个结论。

基于闭合原则的怀疑论论证只是怀疑论的一种论证方式。有一些知识论学者指出,怀疑论论证还可以基于非充分决定原则做出。[①] 一旦怀疑论结论能从另外的方向引出,任何对怀疑论的有效回答就必须同时考察两种形式的怀疑论论证。

第一节 辩护概念三分

在讨论非充分决定原则之前,我们先看一下信念辩护这个概念。在当代知识论领域,我们可以区分命题辩护、信念辩护与个人辩护。[②]

1. 命题辩护

命题辩护(propositional justification)的主要对象是命题。一个命题 P 对于一个认知者 S 来说是获得(命题)辩护的,当且仅当 S 拥有充足的证据支持 P 并且缺乏证据反对 P。

2. 信念辩护

信念辩护(doxastic justification)的主要对象是信念,也

[①] 可参见 Brueckner(1994)和 Pritchard(2005a)。
[②] 关于这一区分,较早可参见 Feldman,Conee(1985, 24)和 Kvanvig, Menzel (1990, 235)。前者所用术语认知辩护(epistemic justification)和合适性(well foundedness),分别对应本书这里所说的命题辩护和信念辩护。

就是一个人对某命题持有相信的态度。一个人拥有信念辩护,当且仅当(i)S拥有充足的证据支持P,并且缺乏证据反对P;(ii)S以一种合适的方式基于这些辩护P的证据去相信P。

3. 个人辩护

个人辩护(personal justification)的主要对象是个人形成信念这一行为。一个人拥有个人辩护意味着这个人在形成并持有某个信念P这件事上是无咎的(blameless)。也就是说,这个人作为一个追求真理的人,已经做好了自己的份内之事,因此我们不能再合理地要求其做更多与求真相关的事。

接下来我们分析这3种辩护之间的关联。首先,我们先看命题辩护与信念辩护之间的关系。一种被广泛接受的观点是,信念辩护是在命题辩护基础之上加上额外的条件,而这个额外的条件就是合理的奠基关系(proper basing)。下面这个案例可以帮助我们更好地理解。试想一个法官J在判案,他基于侦探提供的所有证据E来断定嫌疑人白雪是否为清白的。侦探提供了证据包括:E_1〈白雪有充分不在场证明〉,E_2〈白雪没有杀人动机〉,E_3〈犯罪现场的指纹与白雪并不匹配〉。假设我们承认这3个证据为命题P〈白雪是无辜的〉为真提供了足够的证据支持,此时,命题P对于法官J来说,就是获得(命题)辩护的。面对这些有说服力的证据,只要法官J确实基于证据E_1,E_2和E_3去相信命题P,我们就可以说法官J的信念〈白雪是无辜的〉是拥有(信念)辩护的。当然,假设法官

实际上是基于 E_4〈白雪很漂亮〉与 E_5〈白雪是重点大学大学生〉来相信她不可能是嫌疑犯,我们就倾向于说,法官 J 的信念是缺乏信念辩护的,因为 E_4 和 E_5 并不是真正能解释为什么白雪是无辜的好的理由。所以,一个认知者在拥有命题辩护的基础上,如果能合理地运用这些基础,他就可以进而获得信念辩护。这个思想也可以被表述为,知识必须奠基于那些支持其为真的理由之上。

这里有两个值得注意的地方。首先,一个假的命题也可以受到辩护。给定一些证据式支持,只要该支持不蕴涵结论为真,那么,结论不是必然为真,因此存在结论为假但仍然受到辩护的情况。其次,假的命题(假证据)也可以为别的命题提供辩护。命题辩护是由命题之间的逻辑支持关系刻画的,即使提供支持的命题为假,只要它与被支持的命题之间存在足够强的推论关系,它也可以为结论提供命题辩护。此时认知者基于这些假命题形成信念也能获得信念辩护。

其次,我们看个人辩护与信念辩护的关系。一个认知者可以遵循相应的认知规范,并以一种负责的方式形成信念。此时我们不能合理地批评他在信念形成过程中没有做得更好,因而他所持有的信念就是获得个人辩护的、是无咎的(blameless)。一种常见的看法是,如果认知者获得了信念辩护,认知者在信念形成过程中的行为就是无咎的,也因此获得了个人辩护。但在特殊情况之中,认知者可能在形成信念 P

的过程中,所依赖的证据或理由都是误导的,只是认知者从他的视角出发很难发现,或者原则上无法发现,对于有关P是否为真这件事,认知者就会缺乏信念辩护。比如,在精密布置的骗局中,或者在怀疑论情景中,虽然认知者获得的经验证据都是误导的,也无法为认知者的信念提供辩护,但是,认知者仍然可以用负责任的方式形成信念。这里需要注意的是,我们当然可以提出更严格、更苛刻的标准来提高个人辩护的门槛,但这样会导致我们很多日常生活中的案例都缺乏个人辩护。因此在定义个人辩护的时候,我们遵循的原则是不能合理地要求认知者做出更多。所以,无咎式的辩护恰恰展现了认知者在某些极端情景中可以获得的一种正面性质。

当然,我们并不会总是处在这样精巧的骗局之下,因此在很多情况下,我们可以同时拥有命题辩护、信念辩护和个人辩护。通过以上的案例,我们可以发现这3个辩护概念所关注的维度不同。命题辩护和信念辩护更看重的是客观维度,即:是否一个人拥有好的证据,并且能实际上基于好的证据去相信被这些证据支持的命题;个人辩护则更看重主观维度,即:是否一个人在他力所能及的范围履行了自己的认知责任。如果身处一些不友好的认知情景之中,即使他无法获取知识,但也可以展现出一种我们所欲求的积极的认知态度,并且能够与那些不负责任的认知者区别开来。

第二节 基于非充分决定原则的怀疑论论证

现在让我们回到主线上。另外一种形式的怀疑论论证所依赖的是非充分决定原则,该原则可以表达如下:

非充分决定原则

(UP) 对于所有的 S,E,P,Q,如果 S 的证据 E 不支持 S 相信 P 超过 Q,并且 S 知道 P 和 Q 不相容,那么,S 的证据 E 不足以为 S 相信 P 提供辩护。

该原则的大致思想是,当我们面对两个竞争假说 P 和 Q,而手上所拥有的所有证据 E 并不支持 P 超过 Q 时,对于 S 来说,P 就缺乏足够的证据支持。回想前面的例子,当蓉蓉仔细观察皇家花园,看到一只有黄色羽毛的鸟。假设这个观察构成了她回答这只鸟的种类问题的所有证据,并且她面临两个竞争假设:一个假设是〈这是一只金翅雀〉,另外一个假设是〈这是一只金丝雀〉。此时由于她的证据同等地支持两个假设,并不支持其中一个超过另外一个,所以,她的证据就不足以为她相信其中一个假说提供辩护。一个合理的想法是,至少她应该获得更多的证据,使得其中一个假说得到证据的更多支持。这是一个日常的案例,而怀疑论者可以构造如下一个(UP)实例:如果我的证据不支持我相信〈我在写书〉超过

⟨我是一个"缸中之脑"⟩,并且我知道两个命题之间的不相容,那么,⟨我在写书⟩就是缺乏辩护的。基于上面对于认知辩护的三分,我们也可以理解为命题 P 是缺乏(命题)辩护的,当然这进一步意味着如果 S 只基于 E 相信 P 的话,S 的信念 P 也会是缺乏(信念)辩护的。如果预设辩护是知识的必要条件,并且 S 在上述情况下相信 P 是缺乏辩护的话,那么,S 就无法知道 P。一般说来,基于非充分决定原则,怀疑论者可以构建如下的论证:

基于非充分决定原则的怀疑论论证

(UP_1)如果 S 的证据 E 并不支持 P 超过 Q,并且 S 知道两者的不相容,那么,S 的证据不足以为 S 相信 P 提供辩护。

(UP_2)S 的证据 E 并不支持 P 超过 Q,并且 S 知道两者的不相容。

(UP_3)所以,S 的证据 E 不足以为 S 相信 P 提供辩护。①

这里需要解释一下在表述基于非充分决定原则的怀疑论论证时的考虑因素。首先,根据布鲁克纳(Brueckner,

---

① 这一论证形式可参见 Pritchard(2005a,40)。

1994)的最初表述,并没有要求 S 知道两个命题之间的不相容。[①] 虽然 S 是否知道两个命题之间的不相容并不改变 S 相信 P 缺乏辩护这一事实,但是,为了方便后面比较基于非充分决定原则的怀疑论论证和基于闭合原则的怀疑论论证,这里加入了这一条件。必须承认的是,如果只是为了引出 S 的证据不足以为 S 相信 P 提供辩护这一结论,P 和 Q 两者的不相容已经足够,添加 S 知道两者的不相容这一条件是冗余的。

其次,在基于非充分决定原则的怀疑论论证中,我还预设了其他两个论题。第一个论题为辩护依赖于证据。更细致一点说,如果我们相信某命题缺乏充足证据,就相信该命题是缺乏辩护的。读者可以发现,这是一个证据主义(evidentialism)的立场。我们可从下面的引文中把握证据主义者的主要观点。

> 对于 S 来说,在 t 时刻相信 p 是被辩护的,当且仅当 S 在 t 时刻的证据支持 p。
>
> (Feldman, 2003, 45)
>
> 在 t 时刻,一个人 S 对命题 p 持有命题态度 φ 是被辩护的,仅当该命题与所有 S 在 t 时刻拥有的证据相

[①] 他的表述如下:对于所有的 S, φ, ψ,如果 S 相信 φ 的证据不支持 φ 超过一个不相容的假设 ψ,那么,S 相信 φ 是缺乏辩护的。

匹配。

(Feldman and Conee，1985，15)

证据主义是一个有影响力的辩护理论,虽然该理论面临一些理论上的困难,但是,该理论的主要支持者给出了有力的辩护。所以,在讨论基于非充分决定原则的怀疑论论证中,可以预设证据主义是一个可行的理论,并且把辩护条件和证据概念密切地联系起来。值得注意的是,这么做主要是为了从多个视角更好地理解怀疑论挑战,而不是为了争论证据主义的可行性。

第二个论题为辩护是知识的必要条件。这个条件在传统的知识论框架中被广为接受,但如果读者已经脱离传统知识的三元定义传统,认为辩护和知识没有密切的联系,那么,这个论证将受到更多的挑战。这当然是一个理论上的选择,但在此处的讨论中,本书会预设辩护条件仍然是知识的必要条件。这主要是因为:一方面,如果我们准确地把握了怀疑论挑战的实质,我们就会发现辩护条件是怀疑论挑战的核心点;另一方面,当我们把基于非充分决定原则的怀疑论论证和基于闭合原则的怀疑论论证放在一起看的时候,就会发现在两者的表述方式后面都蕴藏着对于辩护概念的要求。

基于非充分决定原则的怀疑论论证效力如何呢?初看起来,这也是一个具有广泛破坏力的怀疑论论证。我们可以把 P 替换成随意一个日常命题,Q 替换成一个具体的怀疑论假设(比如,我是一个"缸中之脑"),然后,S替换成任意一个认知者。每次替换我们都能得到一个相同的结果,即S的证据不足以为S相信一个日常命题提供辩护。如果进一步假设辩护条件是知识的必要条件,这个结果就意味着我们原则上不能获得关于外部世界的任何知识。由此可见,基于非充分决定原则的怀疑论论证和基于闭合原则的怀疑论论证经由不同的路径达到了同样具有破坏力的结论,因此这两个论证成为怀疑论攻击的左膀右臂。

第三节 两个论证之间的关系

既然现在我们有两种支持怀疑论的论证方式,一个自然的问题就是,这两个论证之间的关系是什么?如果两者可以达到同样的结论,那么,是否两者是相等的,还是其中之一更为基础?为了回答这个问题,我们需要比较两个论证。这一节更多涉及的是技术性的工作,对此不感兴趣的读者可以跳过。

这里我们可以借鉴学界已有的一些讨论。针对两个论证的关系有一场争论,在争论中各学者对于怀疑论论证的表述不同,但大致意思是相近的。[①] 让我们回想一下基于闭合原则的怀疑论论证。

---

① 这场争论的主要文献包括 Anthony Brueckner(1994)、Stewart Cohen(1998)、Duncan Pritchard(2005a)、Kevin McCain(2013)和 Ju Wang(2014)。

基于闭合原则的怀疑论论证

(CK_1) S 不能知道 $-SH$。

(CK_2) 如果 S 知道 E,并且 S 知道 E 蕴涵 $-SH$,那么,S 就可以知道 $-SH$。

(CK_3) 因此 S 不知道 E。

在这个论证中,把无知论题(CK_1)与缺乏外部世界知识这一结果(CK_3)联系起来的是闭合原则。

闭合原则

(CK) 对于所有的 S,P,Q,如果 S 知道 P,并且 S 可以力所能及地从 P 演绎出 Q,那么,S 就可以知道 Q。

为了更好地将闭合原则和非充分决定原则进行逻辑关系上的比较,需要对(CK)进行改写。在改写过程中,可以预设知识需要满足辩护条件,并且辩护来源于证据的支持。这是因为在基于非充分决定原则的怀疑论论证中,这两个预设是很容易被发现的,但在基于闭合原则的怀疑论论证中,则并未进一步指明到底辩护条件如何满足。为了方便讨论的缘故,可以把闭合原则按照证据主义的立场进行改写,于是可以得到下述原则:

(CJ) 对于所有的 S,P,Q,如果 S 的所有证据 E 为 P 提供辩护,并且 S 知道 P 与 Q 不相容,那么,S 的证据 E 就为非 Q 提供辩护。

闭合原则已经处理完毕,接下来回到非充分决定原则:

(UP) 对于所有的 S,E,P,Q,如果 S 的证据 E 不支持 S 相信 P 超过 Q,并且 S 知道 P 和 Q 不相容,那么,S 的证据 E 不足以为 S 相信 P 提供辩护。①

为了方便比较,可以将非充分决定原则进行细微处理,但仍然保证修改前后的原则是等同的,于是可以得到下述原则:

(UP*) 对于所有的 S,E,P,Q,如果 S 的证据 E 为 P 提供辩护,并且 S 知道 P 与 Q 不相容,那么,S 的证据 E 支持 P 超过 Q。

技术上的修改工作完毕,接下来就要开始比较(CK)和(UP*)的逻辑关系。读者也许会好奇这个比较有什么目的?正如前文所指出的,我们已经看到有两种怀疑论的论证方式,

---

① 这一表述方式主要来自 Brueckner(1994)和 Pritchard(2005a)。

它们都具有同样的破坏力。我们自然地会认为应该需要两个独立的反怀疑论方案去分别处理两种怀疑论论证,但布鲁克纳(Brueckner,1994)却指出(CK)和(UP*)是相等的,因此我们只需要一个反怀疑论的方案。这个观点自提出后经受了来自多方的挑战,因此接下来我们将会细致考察这两个原则之间的关系。

为了论证的缘故,我们暂且预设这两个原则是相等的。也就是说,我们能从(CK)演绎出(UP),也能从(UP)演绎出(CK)。在检查两者的演绎过程中,我们分别采用更简单的(CJ)和(UP*)。可以发现,(CJ)和(UP*)共享一个前件,即:S 的证据 E 为 P 提供辩护,并且 S 知道 P 和 Q 之间的不相容;但(CJ)和(UP*)的后件却不同。我们首先检查科恩(Cohen,1998)关于(UP*)可以从 CJ 演绎出来的论证。

从(CJ)到(UP*)

(1) 对于所有的 S,P,Q,如果 S 的所有证据 E 为 P 提供辩护,并且 S 知道 P 与 Q 不相容,那么,S 的证据 E 就为非 Q 提供辩护。[CJ]

(2) S 的证据 E 为 P 提供辩护,并且 S 知道 P 与 Q 不相容。[(CJ)和(UP*)共享的前件]

(3) S 的证据 E 就为非 Q 提供辩护。[由(1)和(2)可得]

(4) S 的证据 E 不能为 Q 提供辩护。[由(3)可得]

(5) S 的证据 E 为 P 辩护,并且 S 的证据为非 Q 提供辩护。[由(2)和(3)可得]

(6) S 的证据 E 支持 P 超过 Q。[由(4)和(5)可得]①

既然我们现在得到了(UP*)的后件,那也就是说,我们能从(CJ)中演绎出(UP*)。值得注意的是,在上面的推理中,我们诉诸的原则如下:

(J) 如果 S 的证据 E 为 P 提供辩护,那么,S 的证据 E 不为非 P 提供辩护。

原则(J)为从(3)到(4)的过渡提供了支持。这个原则看起来是合理的,但我们仍然需要稍加解释。该原则所说的并不是证据无法支持不相容的命题,而是说如果所有的证据为一个命题辩护,那么,同样的证据就不会为该命题的否定提供辩护。可以用一个例子来帮助我们理解。假设我正在办公室内翻看一本《钟扬文选》,而我此时拥有的知觉证据同等地支持命题⟨我在看我自己的书⟩以及命题⟨我在看同事的书⟩。这是

---

① 参见 Cohen(1998,150—151)。

因为办公室内每个人都发了一本全新的《钟扬文选》。在这个例子中,我所有的知觉证据同等地支持两个假设,并且我们可以轻易看出两个假设是不相容的。但是,如果我的证据只支持某一个命题,比如,我发现了书中夹着的一枚精美的书签,而这枚书签只有我有,那么,我的证据就成功地辩护了命题〈我在看我自己的书〉,并且不再支持另外一个命题。接下来,让我们来看一看布鲁克纳从(UP*)到(CJ)的演绎过程。

从(UP*)到(CJ)

(1) 对于所有的 S,E,P,Q,如果 S 的证据 E 为 P 提供辩护,并且 S 知道 P 与 Q 不相容,那么,S 的证据 E 支持 P 超过 Q。[UP*]

(2) S 的证据 E 为 P 提供辩护,并且 S 知道 P 与 Q 不相容。[(CJ)和(UP*)共享的前件]

(3) S 的证据 E 支持 P 超过 Q。[由(1)和(2)可得]

(4) S 的证据 E 不支持 Q 超过 P。[由(3)可得]

(5) S 相信 Q 是缺乏辩护的。[由(4)和(UP)可得]

(5*) S 相信非 Q 是拥有辩护的。[1]

这场争论的焦点在于是否能从(5)推出(5*)。科恩

---

[1] 原论证参见 Brueckner(1994,脚注 7)。

(Cohen,1998)和普理查德(Pritchard,2005a)都认为这个推理是有问题的,但布鲁克纳(Brueckner,1994)和麦卡恩(McCain,2013)认为这是可行的,因此我们要进一步考察从(5)到(5*)的推论。这个推论会引出这样一个疑问:给定(5),凭什么我们可以得到(5*)?一种想法是,有可能S的证据支持P超过Q,但证据还不足以强到辩护P或Q。这也可以理解为,如果P获得了证据E的更多支持,那么,E支持P超过Q,但要使得E为P提供辩护,P必须要有足够的证据支持。

布鲁克纳认为从(5)到(5*)的推论是没有问题的,因为我们已经预设P是基于证据被辩护的,而且P和Q不相容。相比于Q来说,P拥有更强的证据支持,并且强到可以排除Q这个候选项。此外,由于P和Q是不相容的,基于同样的证据基础,不仅S相信P是受辩护的,S相信非Q也是受辩护的。这正是布鲁克纳想要表达的要点。

但是,这一简单评论的说服力不足。让我们回到(5)。普理查德指出(5)比(CJ)的后件(5*)要弱一点。因此除非我们可以演绎出(5*),否则无法证明(CJ)能从(UP*)中演绎出来,也无法证明闭合原则和非充分决定原则是相等的。为了使得从(5)到(5*)的过渡更顺畅,是否我们能提出下列这个原则呢?

(J*)如果S相信P是缺乏辩护的,那么,S相信非P就是拥有辩护的。

但我们可以发现,这个原则是有问题的。我们可以考虑两个反例。

首先,假设我们的主角琳琳学习成绩一直很优秀,而且没有什么特别情况发生,上周五举行了一场考试。这些都构成了 S 的证据,那么,S 相信〈琳琳上周五考试不及格〉就是缺乏辩护的,毕竟 S 没有任何证据支持琳琳考试不及格这一假说。但是,S 可以因此相信该命题的否定命题,即〈琳琳上周五考试及格了〉吗?① 如果(J^*)是正确的,那么,看起来 S 获得了额外的证据。当 S 相信〈琳琳上周五考试不及格〉缺乏辩护时,S 缺乏支持该命题为真的证据,但 S 相信〈琳琳上周五考试及格了〉拥有辩护的时候,S 已经拥有排除命题〈琳琳上周五考试不及格〉的证据了。

其次,给定有一幅画只涂了一种颜色的颜料,并且该颜料不是红色,那么,我相信这幅画是蓝色的是缺乏辩护的,但是否我相信这幅画不是蓝色的就是拥有辩护的呢?

这两个反例可以引出这样的思考,即:仅仅缺乏证据支持 P 为真并不使得 P 为假,或者表述为,缺乏证据支持 P 与有证据支持非 P 是不同的事情。既然(J^*)是不可取的,我们就无法借

---

① 琳琳上周五考试不及格的否定命题是〈并非琳琳上周五考试不及格〉。这个否定命题为真,或者琳琳不存在,或者她考试及格了。在该语境中,我们预设琳琳是存在的,因此只需要考虑后一种情况。

助这个原则从(UP*)过渡到(CJ)。这样看来,(CJ)是比(UP*)还要强的,并且(UP*)无法演绎出(CJ)。但是,这场争论并未以布鲁克纳的失败而结束,麦卡恩想继续推进这一思路。

一、麦卡恩论证

为了更好地理解麦卡恩的论证,我们需要指出他的3个预设。

预设一,证据与命题辩护之间的关系可以用概率来说明,因此可以转写上面的一些表达式:

(1) $Pr(P/E) > Pr(Q/E)$ 意味着 S 的证据 E 支持 P 超过 Q。

(2) $Pr(Q/E) > .5$ 意味着 S 的证据 E 辩护了 Q。

(3) $Pr(Q/E) < .5$ 意味着 S 的证据辩护了非 Q。

(4) $Pr(P/E) <= Pr(Q/E)$ 意味着 P 和 Q 是不相容的。

(5) $0 <= Pr(Q/E) <= 1$ 意味着给定证据 E,Q 或者是可能的,或者是不可能的。

(McCain, 2013, 293)[①]

[①] 麦卡恩明确地承认(1)至(4),但在这里作者认为(5)也是在麦卡恩的论证中所预设的。

预设二,承认命题辩护与信念辩护之间的区分,而关于这一点本书前面已经讨论过,这里就不再重复。在麦卡恩的表述中,闭合原则、非充分决定原则以及其他相关原则都是用命题辩护来表述的,因此我们应该注意到这个关键的差别。

预设三,基于关于辩护的看法以及原则(J),可以提出一个关于辩护闭合的弱原则。

(WCJ*) 对于所有的 S,E,P,Q,如果 S 的证据 E 为 P 辩护,并且 S 知道 P 与 Q 不相容,那么,S 的证据不为 Q 提供辩护。①

事实上,(J)能被看作(WCJ*)的一个实例。回想一下(J),

(J) 如果 S 的证据 E 为 P 提供辩护,那么,S 的证据 E 不为非 P 提供辩护。

我们只用预设 S 知道 P 蕴涵 P,那么,P 蕴涵非(非 Q)。也就

---

① 这个原则与 Pritchard(2005a)的(WCJ)原则稍有不同,但无实质影响。普理查德强调的是 P 和非 Q 之间的蕴涵关系,而这里说的是 P 与 Q 之间的不相容。同样的原则可以参见 McCain(2013)的(INC*)和 Cohen(1998)的(INC)。(INC)并未申明 S 要意识到命题之间的关系,而(INC*)则明确限定为命题辩护。

是说,P与非P是不相容的。根据(WCJ*),如果S的证据为P提供辩护,S的证据就不为非P提供辩护。由此可见(WCJ*)蕴涵(J)。基于上面3个预设,我们再来看麦卡恩(McCain,2013,297)关于(UP*)蕴涵(CJ)论证。

(1) S的证据E为P提供辩护,并且P和Q是不相容的。(前提)

(2) $Pr(P/E) > .5$。(S的证据辩护P)

(3) $Pr(-P/E) < .5$。[S的证据辩护$-(-p)$]

(4) $Pr(P/E) <= Pr(-Q/E)$。(由于P和Q不相容,因此P蕴涵非Q)

(5) $Pr(Q/E) <= .5$。[由前提与(WCJ*)可得]

(6) $Pr(Q/E) <= Pr(-P/E)$。(由于P和Q不相容,因此Q蕴涵非P)

(7) $Pr(Q/E) < .5$。[由(5)和(2)可得](S的证据为非Q提供辩护)

(8) $Pr(-Q/E) > .5$。(S的证据为非Q提供辩护)

就命题辩护来看,上面的推理看起来十分令人信服,并且该论证进一步从概率的角度补充和加强了布鲁克纳的论证。如果这一论证是有说服力的,是否我们就可以下结论说(CJ)可以从(UP*)中推出呢?这里有两个困难很关键。

首先,我们可以从科恩(Cohen,1998,151)处找到启发。他论证说除非我们预设了闭合原则,否则我们不能顺利地从(5)过渡到(8),即:从相信 P 是缺乏辩护的过渡到相信非 P 是拥有辩护的。更细致地说,科恩想要指出的是,从(UP*)到(CJ)的最后一步其实是(CJ)的一个实例。在布鲁克纳的论证中,因为 S 的证据 E 辩护 P 并且 P 和 Q 是不相容的,我们就需要一个类似如下的原则来使得推理可以顺利进行:如果 S 的证据 E 辩护 P 并且 P 蕴涵非 Q,那么,S 的证据辩护非 Q。同样地,在麦卡恩的论证中,关键的一步是 $Pr(Q/E) <= Pr(-P/E)$。我们如何可以从 P 和 Q 不相容这一点得出上述关系式呢?也许最直接的回答就是诉诸概率论。但是,此处我们所关心的问题并非是这个公式是否可以接受,而是这个公式所预设的是什么。其实,这是预设我们理解了在"P 蕴涵 Q"或者"P 和 Q 不相容"中的逻辑词项(如不相容性、不一致性、蕴涵)。闭合原则的核心思想是知识可以通过命题之间已知的蕴涵关系从而得到拓展。所以,如果我们通过逻辑演绎获取知识,我们已经预设了闭合原则。

其次,麦卡恩对于自己论证结果的评论也招致了批评。虽然他的论证看起来支持(UP*)和(CJ)是相等的,但他并没有接受这个结论,而是补充说(INC*)是不合理的,因此拒绝承认(UP*)和(CJ)是相等的。他给出的(INC*)论题如下:

(INC*) 对于所有 S,U,W,如果 S 的证据命题性地辩护 U,并且 S 知道 U 蕴涵非 W,那么,S 的证据就不会命题性地辩护 W。

(McCain,2013,297)

这个原则与(WCJ*)的差别只在于(INC*)明确谈论的是命题辩护。麦卡恩之所以会拒绝这个原则,是因为他发现了(INC*)的反例。麦卡恩认为我们知道量子力学和广义相对论是两个不相容的理论,并且我们有很强的证据相信两个理论都为真但却不一致。因此这个例子揭示了(INC*)是存在问题的。不过这个例子并不能构成实质意义的挑战。

我们可以对这个所谓的反例给出 3 种解读。一种解读是如果这里的"真"指的是可接受,那么,两个理论都为真,只不过是说科学家接受两个理论。我们接受一个理论也许首先是因为该理论是真的,或者说该理论与实在相符合,并且一个理论为真能很好地解释为什么该理论在解释和预测经验现象时获得了成功。但是,一个理论被接受并不总是由于它为真。在缺乏足够的经验确证或谈论真的问题引起太大的理论负荷时,科学家会选择那些有经验适用性的理论。正如范弗拉森(Van Fraassen,1980,12)所说,"接受一个理论只包涵相信该理论是经验适用的"。在这个意义上,虽然量子力学与广义相对论作为两个不相容的理论被接受,但并不是因为它们有充分的证据支持,而只是因为它们对于拯救经验现象做出了贡献。

让我们再考虑另一种解读。即使现阶段科学家认为量子力学与广义相对论是真的,也许以后会出现囊括两个理论的整合理论。这样说来,既然任何一个理论都不是真的,我们也就不能总结说两个不相容的理论被辩护为真并且同时被科学家持有。这里最关键的问题是,两个理论的真值还未被确定。

上面两种解读都不对麦卡恩的结论有实际上的支持,因为他所需要的是这种可能性,即:两个被辩护为真的理论虽然不相容,但仍然被人们持有。上面的两种解读或者说的是任何一个理论都不是因为真而被接受,或者说的是整个理论缺乏一个确定的真值。所以,这两种解读都与麦卡恩的讨论不相关。

除了上面的两种解读,我们仍然可以找出一种更相关的解读。我们有很强的证据相信这两个理论,是否意味着这两个理论是被证据辩护的?如果是这样,这个例子实际上就反对了麦卡恩关于证据的概率理解。根据这种理解看来,如果量子力学是被证据 E 辩护的,那么,$Pr(QM/E) > .5$,并且广义相对论也被证据 E 支持,也可以得到 $Pr(GR/E) > .5$。此外,由于麦卡恩承认两个理论是不相容的,因此 $Pr(QM/E) <= Pr(-GR/E)$。但是,给定了 $Pr(GR/E) > .5$,可得 $Pr(-GR/E) < .5$,那么,$Pr(QM/E) <= Pr(-GR/E)$ 如何可能呢?当

然这里的问题不是对证据的概率式理解为错误的,而是我们如何理解这里的"证据"。当麦卡恩谈论支持两个理论的证据时,他所谈论的是不同的证据而不是所有拥有的证据。当支持广义相对论与量子力学的证据为不同证据的时候,两个不相容的理论受到各自证据的较强支持并不是一件匪夷所思的事情。但在知识论领域,我们所谈论的是所有的证据,而非分别的证据。当我们考虑所有的证据时,我们所可能遇到的情况是量子力学或广义相对论两者之一被证据支持力度更强,但不可能是两者被同样的证据所辩护。如果理论 A 是被辩护的,那么,至少有一个证据只支持 A 而不支持 B,就证据的支持力来说,B 和 A 就不再持平。如果没有一个理论被辩护,两者应该是受到证据的同等支持。如果我们以这种方式理解证据,麦卡恩所提出的"反例"就不再是对于(INC*)或(WCJ*)的反例了。

二、再论两个论证之间的关系

上面考察了麦卡恩的论证,现在让我们再回到本节的关键问题,即闭合原则和非充分决定原则之间的关系是什么。与布鲁克纳一样,我承认(CJ)蕴涵(UP*),但与布鲁克纳和麦卡恩不同,我认为(UP*)并不蕴涵(CJ)。此外,由于我们在上面的讨论中仍然还有一些其他原则,因此在我们做出最终结论前可以列举出暂时讨论的结果。

A. (CJ)和(J)蕴涵(UP*)。

B. (UP*)和(WCJ*)并不蕴涵(CJ)。

C. (WCJ*)蕴涵(J)。

D. (UP*)与(WCJ*)等同。

前一节的讨论支持了 A 和 B 两个结论,而把(J)看成是(WCJ*)的一个实例则展现了结论 C。但是,对于结论 D,还需要做一些补充。普理查德(Pritchard,2005a,48)论证了这一点,这里作一个简短的回顾。首先,我们可以证明(WCJ*)蕴涵(UP*)。为了论证仍然预设(WCJ*)和(UP*)的共同前件,即:S 的证据 E 为 P 提供辩护,并且 S 知道 P 和 Q 是不相容的。

(1) 对于所有的 S,E,P,Q,如果 S 的证据 E 为 P 辩护,并且 S 知道 P 与 Q 不相容,那么,S 的证据不为 Q 提供辩护。[WCJ*]

(2) S 的证据 E 不为 Q 提供辩护。[共同前提和(WCJ*)]

(3) S 的证据 E 支持 P 超过 Q。[S 的证据为 P 提供辩护]

从(2)到(3)的推论预设了如果一个命题 P 被证据 E 辩护,该命题被证据的支持力度就要高于任何已知的不相容命题。这个预设也是我们在表述(CJ)和(UP*)时所承认的,即:辩护在本质上是依赖于证据的。接下来,可以看到(UP*)如何蕴涵(WCJ*)。

(1) 对于所有的 S, E, P, Q, 如果 S 的证据 E 为 P 提供辩护,并且 S 知道 P 与 Q 不相容,那么,S 的证据 E 支持 P 超过 Q。[UP*]

(2) S 的证据 E 支持 P 超过 Q。[共同的前提和(UP*)]

(3) S 的证据 E 并不支持 Q 超过 P。[由(2)可得]

(4) S 的证据 E 不为 Q 提供辩护。

从上述两个论证中我们可以发现,(WCJ*)和(UP*)是相互蕴涵的。此时,根据 A, B, C 和 D 这 4 个暂时的结论,我们可以进一步思考由此引发的结论,我们是否接受(WCJ*)会影响反怀疑论的回答策略。此处我们有两种选择。

选择一,如果我们接受(WCJ*),我们就必须接受(J),并且基于(CJ)我们也得接受(UP*)。① 但我们的反怀疑论回答

---

① 参见暂时讨论的结果 A 和 C。

中不能拒绝(UP*)。因为(WCJ*)和(UP*)是相等的,我们同时接受又拒绝一个原则在逻辑上是有问题的。这也就意味着不能拒绝(UP*)来拒绝(CJ),我们必须分别给出针对基于闭合原则的怀疑论论证和基于非充分决定原则的怀疑论论证的回答,而且在后一个回答中我们还不能拒绝(UP*)。不过虽然(UP*)被我们保护了起来,我们却可以攻击基于非充分决定原则的怀疑论论证中的另外一个前提,即:S的证据E并不支持日常命题超过怀疑论命题。

选择二,如果我们拒绝(WCJ*),情况将进一步两分。第一种细分情况是,在拒绝了(WCJ*)的基础上,如果我们放弃(J),(CJ)就不蕴涵(UP*),并且由于拒绝(WCJ*)也就意味着拒绝(UP*),剩下的任务就是拒绝(CJ)。第二种细分情况是我们仍然保留(J),(CJ)就可以蕴涵(UP*)。此时,我们可以通过拒绝(UP*)或(WCJ*)来拒绝(CJ),并且只要我们可以拒绝(WCJ*),所有的反怀疑论任务就可以全部完成。但是,由于(J)蕴涵(WCJ*)并不如(WCJ*)蕴涵(J)这么显然,此种可能性在当前阶段还不值得过多考虑。

大致刻画了两种选择后,最终的结论取决于我们是否有充足的理由拒绝或持有(WCJ*)。在我看来,(WCJ*)应该被留下,并且这么做并不会引起过多的哲学麻烦。促使我们保留(WCJ*)的大致想法是一个有关证据和辩护的要求。该要求说的是证据和辩护之间的关系应该是理性的。说得更细致一点,(WCJ*)和(UP*)所说的都是,只要命题之间的不相容关系被我们所知悉,我们就不该持有不相容的命题。如果这个原则被我们放弃,我们就要持有某种不可思议的辩护或证据观。这种不可思议的观点会允许,即使S的证据E为P提供辩护,并且S知道P与Q不相容,S的证据E仍然可以为Q提供辩护。我们可以用一个实例来展现这个原则的荒谬之处。我们把P替换为〈我是"缸中之脑"〉,Q替换为〈我有一双手〉,当我的证据为我是"缸中之脑"提供辩护,我就不可能仍然是一个正常的普通人,那么,何以可能以同样的证据还为我有一双手提供辩护呢? 如果这种方式真是躲避怀疑论的方式,就很难理解当我们谈论证据对于命题的支持或反对关系时,证据所发挥的作用到底是什么。即使可以给出有关证据或辩护的崭新理解,我也怀疑此种崭新的理解在哲学上的意义。

还有一个因素值得考虑。(WCJ*)是比(CJ)更弱的一个原则。要看出这一点并不困难,因为两个原则的前件相同,只是后件有所差异。(CJ)的后件是说"S的证据E为非Q提供辩护",而(WCJ*)的后件是"S的证据E不为Q提供辩护"。从逻辑的观点来看,如果给定S的证据E为非Q提供辩护,E就不为Q提供辩护了,因为同样的证据E不能辩护不相容的命题。但是,如果S的证据E不为Q提供辩护,有可能是S的证据为非Q提供辩护,也有可能是S的证据不足以为Q提供辩护,甚至是完全与 Q 不相关。因此要得到(CJ)的后件,仅仅有(WCJ*)的后件是不够的。我们可以把这一要点换种方式理解。(CJ)要求的是拥有充足的理由拒绝 Q,但是,(WCJ*)所说的仅仅是缺乏理由为 Q 辩护。按照这样来理解,(WCJ*)就比(CJ)要弱,因此也更可取。如果(WCJ*)被我们拒绝了,作为比它更强的(CJ),也理所应当要被我们拒绝。此时,根据上述选择二的第一种细分情况来看,所有的原则都被我们拒绝了。虽然我们避免了怀疑论挑战,但我们陷入了更糟的困境,实在是得不偿失。

这里做一个简短的总结。上面关于两个怀疑论论证关系的讨论让我们意识到,只有一个选择是比较理想的,即:我们应该接受(WCJ*),并且分别给出针对两个怀疑论论证的回应。此外,由于我们要保留(WCJ*),(UP*)就不能成为我们的攻击目标。

第四节 反怀疑论策略

为了回应怀疑论论证,我们可以勾勒出 3 个可能的策略方案。[①] 但这些方案并不都是可行的。

第一种策略是拒绝怀疑论论证的前提。当关注基于闭合原则和基于非充分决定原则的怀疑论论证时,我们可以只关

---

① 这里勾勒出的方案受到库克(Cook,2013)第一章的启发。

注其前提。反怀疑论者可以主张,这些前提虽然看起来合理,但却是错的,因为我们可以知道怀疑论假设是错的。反怀疑论者甚至可以借助一个独立的理论来解释为什么这个主张是有哲学根据的。或者反怀疑论者可以论证闭合原则和非充分决定原则实际上是错的,因此即使我们无法排除怀疑论情景,我们也不必然面临怀疑论的结果。

第二种策略是拒绝推理的策略。如果怀疑论论证要是一个有说服力的论证,它必须基于一个有效的推理,但通过我们细致的分析可以看出,基于闭合原则的怀疑论论证和基于非充分决定原则的怀疑论论证在推理形式上是没问题的。但是,如果有人指出这种推理模式是有问题的,他也可以批评推理为基础从而拒绝怀疑论结论。并且我们可以大胆猜测,如果拒绝推理式的策略对解决怀疑论悖论有效,该策略对于解决别的悖论也能做出贡献。我们并不对这一策略抱有太大希望,因为即使这一策略帮助我们躲避了怀疑论的攻击,也是以付出极大代价为前提的,而这个代价就是放弃经典逻辑的公理。值得我们注意的是,怀疑论挑战本质上是一个有关我们是否拥有外部世界知识的哲学难题,因此一个好的反怀疑论挑战至少应该从知识论的维度迎接挑战,仅仅拒绝推理的策略是无法满足这一最低要求的。

第三种策略是接受结论的策略。当面对怀疑论论证时,如果我们被迫接受怀疑论的结果,我们也可以避免怀疑论悖论。不过这也意味着我们放弃了知识的可能性。毫无疑问，这个策略对于怀疑论悖论的解决并未带来任何理智上的安慰。从哲学传统来看，解释知识的本质与阐释知识的价值一直以来都是知识论中最核心的任务。如果我们接受了怀疑论的结论，这一目标就彻底失去了意义，而所有追求知识的努力也将付之流水。一旦接受这一策略，我们就必须接受理智上的失败，或者用康德（Kant）的术语来说，就是"哲学的丑闻"。所以，通过宣称知识的不可能来逃离怀疑论悖论造成的困境实在是糟糕透顶的策略。

一种策略是否合适取决于我们运用这一策略要完成的任务。我们的任务是对外部世界的知识如何可能这一问题给出一个哲学的说明。我们要揭露出怀疑论论证中有问题的预设，并且尽可能不在知识论领域和哲学领域引起太大的麻烦，因此拒绝推理的策略和接受结论的策略都不是最佳策略，而唯一有希望的就是拒绝（怀疑论论证的）前提的策略。

在这种策略下，我们还能进一步做一个区分。在做出区分之前，我们可以注意到，一个真正的悖论会包涵一些理论上的障碍（obstacle）。读者也许会认为，这个理论障碍不就是我们无法获得外部世界的知识吗？我们认为并非如此。怀疑论的结论仅仅是理论障碍所导致的结果，而不是障碍本身。我们可以用一个日常案例来展示这一点。如果我们发现一位正常的游客无法在2小时内乘坐火车从曼彻斯特赶到伦敦，这一事实是障碍还是让我们无法做这件事(2小时乘火车从曼彻斯特赶到伦敦)的原因是障碍呢?难道不是后者更合理吗?我们可以解释,正是因为火车行驶速度的限制使得这一旅行不可能,火车行驶速度的限制就是我们所面临的障碍。而要突破这一障碍,我们或者可以乘坐更快速的火车,或者选择乘坐飞机(如果乘坐火车不是唯一允许的旅行方式)。怀疑论结论和此处我们面临的旅行难题是相似的。使得我们无法拥有外部世界知识的因素就是理论上的障碍,而怀疑论结果只不过是该障碍所导致的结果。在怀疑论悖论中所隐藏理论障碍可能是有问题的预设、被误解的概念,或者是对于合理的原则的不加限制的使用。为了解决这一悖论,我们需要细致地识别出障碍所在并且将障碍克服。如何处理我们识别出的障碍呢?在这里可以引入一个有关克服障碍方式的区分。

第一种进路是推翻障碍型(obstacle-overriding)进路。这一进路会将怀疑论背后的障碍当成真实存在的障碍,并且基于独立的理论资源去推翻该障碍。① 这一进路对于理论困难采取直接面对的方式。对于这一进路的支持者来说,虽然障碍是不可逾越的,但我们仍然可以巧妙地修改我们的理论预

---

① 这一进路被卡萨姆(Cassam,2007,2)称为克服障碍(obstacle-overcoming)的进路,被普理查德(Pritchard,2015)称为推翻进路。

设以至于这些障碍不再阻挡我们追寻知识的道路。

第二种进路是消解障碍型(obstacle-dissolving)进路。与推翻障碍型进路相比,消解障碍型进路的目标更加远大。细致说来,这一进路不仅要以某种方式将障碍挪开,而且要把识别出的障碍标识为哲学的幻觉——一种产生于坏的理论或可疑的理论前提的哲学幻觉。正是由于给出了一个理论的诊断,我们就可以期待对当下所讨论的主题获得更透彻的理解。

在大致勾勒了两种克服障碍的方式后,我们需要思考的是,哪一种方式拥有哲学对话意义的优势呢?我们不妨预设每一种进路都成功地突破了怀疑论造成的困境,也就是说,每一种进路都给出了如何避免怀疑论悖论的细致的分析。就这一点来看,它们是处于同一条水平线的,并无优劣之分。不过只有消解障碍型进路包涵了一个诊断的部分,该诊断告诉我们为什么某些障碍看起来真实存在,但其实是虚幻的。这一诊断可以帮助我们缓解理智焦虑,因此是有重要意义的。为了理解这一点,让我们想象一个例子。假设有一块巨石落在路中央,使得开车出行的人很难通过道路。解决问题的方法之一是避开大路走小路,然后开车经过一段崎岖颠簸的路。这种方法虽然成功地避开了巨石所造成的困难,但是,难道人们在开车经过同一路段时,不会继续担心这块阻拦道路的巨石吗?另外一种解决方法是把巨石搬开,放到不阻拦道路的地方,或者直接将它粉碎。这种方式不仅使得人们可以轻松地驾车通过,还消除了人们心中的忧虑。当然这里所讨论的任何一种方式都是在处理一块实实在在"躺"在路中央的石头,但我们仍然可以感受到解忧程度上的差别。如果我们面临的是虚幻的障碍或困难,尝试去消灭此障碍是很不理智的,因为唯一有效的处理方式就是破除幻觉,并且让随幻觉而生的担忧和焦虑一并烟消云散。

同理,即使对于怀疑论问题的直接反驳可以保证对于外部世界的知识是安全的,也是免于怀疑论攻击的。但是,如果我们还关心人类在认知上的根本处境,这种回答无法提供理智的宽慰。在怀疑论悖论中,我们可以感受到由于表面障碍的存在造成的不安。因此如果可能的话,我们不仅要寻找一条逃离怀疑论困境的进路,还要给出一个为什么我们易陷入怀疑论问题的哲学诊断。如果没有真正的悖论,所有理智上的不安都会自然消失。由此可见,消解障碍型进路的第一个优势就是可以缓解我们理智上的不安。

另一个值得关注的点是反怀疑论策略如何与对哲学怀疑论的研究相联系。斯特劳德是这样评论怀疑论的意义的:

> 我认为无论我们在哲学中寻找什么,或者无论什么引导我们提出哲学问题,一定是在人性当中根深蒂固的东西,而且这些引导我们用特定方式提问的东西也一定是在我们的传统中根深蒂固的东西。

(Stroud，1984，序言 X)

在这段引文中，斯特劳德指出，我们可以通过进行对哲学怀疑论的探究从而找到对怀疑论的令人满意的回答。但更重要的是，无论这个目标是否能够实现，更有价值的事情是通过这种探究我们加深了对人类本性和处境的了解，也对我们知识理论中的根本概念获得深入的理解。在这个意义上，我们并非是在朝外看，与一个理论上的敌人在抗争。相反，我们是在朝内看，仔细地检查那些已经深深植根于我们所接受的理论中的承诺。因此在回应怀疑论的同时，我们也将我们前理论的直觉充分暴露以接受哲学分析。通过知识论的研究，我们可以对自己的认知地位有一个更好的了解。假设怀疑论被看成一个理论立场，怀疑论的失败就不过是在捍卫我们已有的领土。这就好比一个国家捍卫领土完整一样。当我们把怀疑论内化的时候，我们以一种间接的方式来推进理智事业的进步。对怀疑论的成功消解同样也是一项伟大的成就，正是因为我们理解了自己的认知地位，并且驱散了理论的迷雾。这么一来，我们可以把怀疑论看作当代知识论的发展动力。这并不是因为怀疑论者迫使反怀疑论者不断提出新的知识论理论或完善已有的理论，而是由于怀疑论作为一种在哲学上饶有趣味且内化的哲学挑战，不断让我们往后退，从而找到一个真正的知识理论的起点。寻找这个知识论的真正起点是极其困难的,正如斯特劳森(Strawson,1985,6)所说,"无论以什么样的方式、用什么样的论证,面对怀疑论者的挑战就是要努力往后多退一点"。

小结

在第二章中,我们展现了基于闭合原则的怀疑论论证以及基于非充分决定原则的怀疑论论证,并且在一场争论中细致探究了闭合原则和非充分决定原则的逻辑关系。可以发现两者在逻辑上是独立的,因此我们需要针对两个怀疑论论证分别给出回答。此外,考虑怀疑论悖论包涵理论上的障碍,这种障碍可能是真实的,也可能是虚假的,但无论如何我们都会有理智上的不安与忧虑。为了消除这种不安,我们可以区分反怀疑论进路中的推翻障碍型进路与消解障碍型进路。后一种进路不仅将"障碍"清除,而且把所谓的"障碍"标识为哲学的幻觉,这是一种产生于坏的理论或可疑的前提的哲学幻觉。正是由于该进路包括了一个理论的诊断,我们可以期待对当下所讨论的主题(如知识、辩护、证据)获得更透彻的理解。如果我们看得更远一点还会发现,由于怀疑论的内化特点,通过研究哲学怀疑论,我们还可以加深对人类本性和处境的理解,以及找到一个知识理论的真正起点。

第三章
先验论证与反怀疑论

在前面的章节中,我们已经讨论了怀疑论问题的本质以及理想的反怀疑论方案需要满足的条件。接下来,我们来看一看先验论证与彻底怀疑论之间的关联。

下面这种说法大概不会有异议,即:康德把先验论证带入哲学的语境并赋予其独特的价值。① 虽然康德本人所用的词汇是先验演绎(transcendental deductions)、先验证明(transcendental proofs)和先验阐释(transcendental expositions),但藏在他先验哲学背后的一般策略却构成了我们当下理解先验论证的主要框架。这里我只做个简要概括。在《纯粹理性批判》一书中,康德旨在驳斥怀疑论。② 这种怀疑论怀疑有独立于心灵的存在物。康德从有自我意识经验的主体

---

① 值得注意的是,虽然康德之前的哲学家偶尔也会使用先验论证,但这种使用还未赋予先验论证很大的哲学价值。关于这一点更细致的论述,参见 Stern(2000,3)、Barton(2006)和 Stern(2015)。
② 一种更合理的说法是,在这本书中他旨在回答先天综合判断是否可能。

开始,然后探寻使得这一事实得以可能的必要条件。当他发现物理对象的存在正是必要条件之一时,怀疑论者对于外部世界存在的怀疑就被证明是错的。这恰恰是因为怀疑论者也承认他是一个有着自我意识的主体。这种反怀疑论的论证方式是独特的,因为它通过怀疑论的结论破坏了怀疑论的前提。①

接下来将在一种更广阔的视角下刻画先验论证的使用及其面临的问题。不会受限于康德自己的先验论证,而是要重新理解和修正先验论证,使得它能在当代怀疑论语境中寻找新的生长点。为了准确地把握先验论证,我们可以提出两个关键问题。首先,什么是先验论证?其次,先验论证与彻底怀疑论之间的关系是什么?它具有什么反怀疑论的效用?

第一节 先验论证:定义及特征

什么是先验论证?这看起来是一个我们在哲学探究中会提出的典型问题。也许读者会期待哲学家对这个问题提出一个定义式的回答,但这既困难也不必要。一方面先验论证的

---

① 这里大致想法是,怀疑论是不融贯的。怀疑论者接受先验论证的前提却拒绝其结论,但先验论证的结论却是使得前提得以可能的必要条件。但是,正如第一章所讨论的那样,怀疑论是悖论,所以,先验论证的方法并不能直接运用。

许多范例是异质性的,因此一个统一的定义几乎是不可能的;①另一方面,我们现在的主要任务是探究先验论证作为一种反怀疑论工具的有效性,所以,我们只需要识别出先验论证的一些核心特征就足够了。

让我们看看罗伯特·斯特恩(Robert Stern)所识别出的先验论证的特征,他写道:

  A. 某物 X 是另外一物 Y 得以可能的必要条件,因此如果没有 X,Y 就无法实现。
  B. Y 在本质上是经验、语言、信念或意向性。②
  C. X 拥有反怀疑论的作用。

(Stern,1999,2—4)

让我们来分别看一下这些特征。特征 A 所说的是,X 是 Y 得以可能的必要条件。斯特恩(Stern,1999,3)把 A 看作

---

① 在 Stern(1999,3)中列出了一些经典的先验论证,其中有学界公认的先验论证。比如,康德在《纯粹理性批判》中的先验演绎,斯特劳森在《感觉的界限》中对康德演绎的重构,戴维森对于信念本质上是真实的论证,普特南在《理性、真理与历史》中对于"缸中之脑"的反驳。还有一些更具有争议的先验论证,如亚里士多德对于矛盾律的讨论、黑格尔在《精神现象学》中的讨论、维特根斯坦的私人语言论证等。但不可否认的是,即使在公认的先验论证中也存在多样性,因此难以用一个统一的定义来概括。
② 我认为斯特恩只是给出 Y 的一些例子,而不是要给出一个能替换 Y 的完整的列表。

包涵一个既是形而上学又是先天的陈述。可以发现 A 所说的是,除非 X 满足,Y 无法实现。这种联结不仅在现实世界有效,而且在任何可能世界仍然成立,因此这里谈论的必然性和偶然性都被斯特恩理解为形而上学的。所有的先验论证最核心的部分都包涵一个形而上学的陈述,但我们不禁会产生疑问,即:我们如何辩护像 A 这样的模态陈述呢?该陈述既不是被经验事实支持的,也不能仅仅依靠语义分析或定义所得。当然在康德看来,我们可以通过先天综合知识实现这一步,但是,康德的进路对于当代的哲学家来说是神秘的,也需要进一步阐发。①

然后我们看特征 B。这里最重要的是,Y 是怀疑论者所接受的东西,它可以是经验,也可以是语言、信念和意向性。但为什么是这类东西呢?因为反怀疑论者需要一个起点,这个起点是怀疑论者所承诺的,这样她就无法拒绝从此起点引出的有效的结论。所以,只要怀疑论者接受了前提,先验论证就会拥有反怀疑论的作用。斯特恩(Stern,2015)正确地指出,先验论证典型地是从我或我们如何感知、思考、判断与相信开始,因此是第一人称的。有关第一人称的心理事实是怀疑论者也会乐于接受的,因为怀疑论者也是一个在感知、思

---

① 至少从哲学史来看,倘若综合命题是被理解为非分析的命题,我们就得首先回答什么是分析命题。

考、判断和相信的主体。如果缺乏这些心理活动,也就没有怀疑论者所攻击的对象,甚至怀疑论者都无法形成怀疑论想法并将之表述出来。但是,认识到怀疑论者所接受的前提典型的是第一人称的心理事实,它并不等同于说只有心理事实才会被怀疑论者所接受。对于任何陈述来说,只要怀疑论者愿意接受,该陈述就可以成为先验论证的好的前提。当彻底怀疑论者被理解为我们在理智上的对话者,心理事实当然更容易被他们接受。这是因为虽然独立于心灵的事实值得怀疑,个人的感觉经验却是在怀疑的范围之外。怀疑论者所怀疑的是,是否给定任何主体的经验,主体可以用某种方式获知独立于心灵的世界的情况。

再来看特征 C。X 之所以拥有反怀疑论的作用,是因为 X 与怀疑论者的主张不一致。比如,当怀疑论者预设有一种我们的信念广泛出错的可能性,但此时如果 X 展现出信念在本质上是真实的,X 就打破了这种支持怀疑论的可能性,从而拥有反怀疑论的功效。值得一提的是,X 的反怀疑论功效是很特殊的,因为怀疑论者没有一种可行的躲避攻击的方式。① 一方面,怀疑论者事先承诺了 Y,因此他无法攻击先验论证的前提;另一方面,如果怀疑论者跟随先验论证的推进,他就

---

① 这里的前提要求是先验论证本身必须是有说服力的,否则怀疑论者很容易拒绝先验论证的结论。

必须理性地接受论证的结论 X,因为除非 X 实现,Y 是不可能的。假设怀疑论者拒绝先验论证的结论,她受到的批评并非是自己的陈述为假,而是她的立场的不一致性,或者说她的主张的不可理解。按照这样的理解方式,先验论证把怀疑论标示为自我驳斥的,而怀疑论因为被釜底抽薪,根本就无从产生了。①

第二节 强先验论证及其困难

在这一部分,会具体讨论两类先验论证以及它们各自面临的问题。我们首先看强先验论证(ambitious transcendental argu-ments)。

强先验论证在结构上有这样的特点:它们的前提是一个不受争议的心理事实,但结论却是一个仍有争议的非心理事实。由于强先验论证的结论是一个有关于非心理领域的事实,我们也可以把强先验论证理解为是"以世界为导向的"(world-directed)。② 可以看出强先验论证后面藏着很强的哲学抱负,因为它仅从心理事实开始,就想尝试揭露独立于心灵

---

① 这一理解方式可参见 Stern(1999)和 Davidson(1999)。
② 我们也可以说,强先验论证是"以真为导向的"(truth-directed)。但这种提法意义不大,因为先验论证总是要给出某些真理。这些真理或者是心理领域的,或者是非心理领域的。因此以世界为导向更符合强先验论证的特点,即旨在建立非心理领域的事实。

的外部事实。但想要跨越心理事实与非心理事实之间的鸿沟并非易事,而正是这一困难让强先验论证遭受了致命攻击。我们可以简短回顾一下斯特劳德(Stroud,1968)对于强先验论证的经典批评。

斯特劳德对先验论证的核心攻击是一个二难论证。这个二难论证指出,就反怀疑论的任务来说,先验论证或者是多余的,或者是无效的。如果先验论证需要依赖证实原则或观念论来完成反怀疑论目标,先验论证就是多余的;如果先验论证不依赖这些额外的理论,先验论证就没有任何反怀疑论功效。

斯特劳德首先识别出一类独特的命题集。这类命题的独特性在于,要使得我们拥有有意义的语言,这类命题必须为真。比如,如果要拥有任何语言,命题〈存在有意义的语言〉就是这一独特类的成员之一。理由很明显,如果这一命题为假,就意味着没有任何有意义的语言。但是,假设 S 是该类命题中的成员,

> 怀疑论者就总是可以合理地宣称,要使得语言得以可能,只要我们相信 S 是真的,或者全世界的人看起来好像 S 是真的就够了,不需要 S 事实上为真。
>
> (Stroud,1968,255)

为了更好地展现要点,我们可以将强先验论证的模板展

斯特劳德(Stroud)

现如下：

强先验论证

(ATA_1) Y。

(ATA_2) 要使得 Y 得以可能，X 一定要是真的。

(ATA_3) Y 是真的，所以，X 是真的。

面对强先验论证，怀疑论者则坚持先验论证的模板只要表述如下即可：

(ATA_1^*) Y。

(ATA_2^*) 要使得 Y 得以可能，只要我们相信 X 是真的就足够。

(ATA_3^*) Y 是真的，所以，我们相信 X 是真的。

那么，(ATA_2^*)是可辩护的吗？从表面看来，怀疑论者需要为这一陈述辩护。但就辩论的立场来看，怀疑论者可以直接接受这一陈述，而先验论证的使用者则会发现这一结论太弱，不足以完成自己的反怀疑论大业。其原因在于，一个人或一群人相信 X 为真并不蕴涵 X 为真，因此我们相信 X 为真也不足以使得 Y 得以可能。先验论证的使用者会对这个弱化的结论感到很不满意。此处的争论情况也可以理解为，为了要使得 Y 得以可能,我们可以区分两个步骤:第一步是我们相信 X 为真,第二步是确定 X 是否为真。怀疑论者认为第一步就足以让 Y 得以可能了。但是,先验论证的使用者主张,仅仅相信 X 为真,或者说看起来好像 X 为真,并不足以让 Y 得以可能。要使得 Y 得以可能还需要我们知道 X 为真。也就是说,先验论证的使用者还得进一步确定是否我们所相信的东西事实上就是如此。很显然,世界所是的方式与我们相信世界所是的方式是不同的。要确定 X 是否为真,先验论证的使用者必须诉诸一个桥接原理来实现从心理事实到非心理事实的跨越。如果这一步没有做,强先验论证就是未完成的。如果要跨越这个心灵与世界的鸿沟,先验论证的使用者可以依赖证实原则(the verification principle)或观念论(idealism)。证实原则的大致想法是,如果一个陈述事实的语句是有字面意义的,该语句原则上可以被经验地证实。[1] 证实一个句子就是在某个情况下知道其真值。在这个意义上,要知道 X 为真就是要找一种方式在某个特定情况下证实 X。

观念论认为不存在独立于心灵的实在,整个实在是由观念或思想所组成的。在观念论的图景中,对象显现为如何就

---

[1] 原则上可能(possible in principle)意味着在逻辑上是可能的,这是与实际上可能相对的。经验证实意味着存在一个经验观察,并且以此为证据我们可以知道某个语句的真值。参见艾耶尔(Ayer, 1952)对于证实原则的更细致的讨论。

规定了对象实际所是的样子,因此并不存在我们相信 X 为真和 X 实际为真之间的间隙。① 这里我们不必深究证实原则或观念论是否能站得住脚,我们只需要关注的是,只有诉诸证实原则或观念论之一,先验论证才能填充心灵与世界之间的鸿沟,否则(使得 Y 得以可能的)第二步骤是无法完成的。② 此时,证实原则或观念论完成了反怀疑论的工作,先验论证的作用就是多余的,这正是二难论证的第一难。

先验论证的使用者可以通过拒绝证实原则或观念论来躲避第一难,但这样他们就必须撤退到(使得 Y 得以可能的)第一步,即:我们相信 X 为真是使得 Y 得以可能的必要条件。但这一撤退完全无法满足康德式的抱负:

> 他的论证可以从思想和经验的必要条件开始,直到揭示"有问题的观念论"是错的,还有由物质对象组成的外部世界的存在,而不仅仅是停留在我们相信或者就我们所能说的范围来看,有一个外部世界这样的结论。
>
> (Stroud,1968,256)

---

① 这里的推论是基于这样一个假设,即:我们对于自己当下感觉经验的描述是不会出错的。
② 有一些哲学家论证说,内容外在论也可以作为桥接原则,如 Putnam(1981)和 Davidson(1973)。

如果先验论证不去揭示心灵与世界之间的关系并转而满足于建立另外一个有关心理事实的陈述,这种放弃了康德式抱负的先验论证在反怀疑论方面将是无能的,也因此会令人失望。这就是二难论证的第二难。可以发现,该二难论证从两个角度削弱了强先验论证的哲学意义。

概括说来,强先验论证或者是多余的,或者是无效的。或者强先验论证必须依赖证实原则或观念论来跨越心灵与世界之间的鸿沟,那么,反怀疑论工作就主要是由证实原则或观念论来担当的;或者强先验论证放弃寻求非心理事实,从而导致反怀疑论工作无法完成,这又使得强先验论证令人失望。

斯特劳德的二难论证对强先验论证给予致命的攻击。许多知识论学者并未反驳斯特劳德的攻击,而是选择重新构造先验论证。对先验论证的重新构造,既要保证其在哲学上卓有成效,又必须得避开斯特劳德的二难论证。在众多的尝试中,值得我们关注的是对于先验论证弱化使用的呼声(modest transcendental arguments)。[①] 这种呼声的主要想法是,我们不应该在斯特劳德的攻击下彻底放弃先验论证,相反,我们应该重新思考如何最好地利用先验论证。根据该策略来看,我们应该以一种较弱的方式来使用先验论证,但同时还要力求

[①] 对于所有回应方式的总结,可参见 Stern(2015)。支持弱化使用先验论证的支持者,可参见 Stroud(1994;1999)和 Stern(2000;2007)。

保留反怀疑论的效果。

第三节　弱先验论证

那么,先验论证能以什么样的方式弱化呢？根据斯特劳德的观点来看,弱先验论证旨在建立我们诸多思考方式之间的必然联结。他提出这样的问题：

> 为了让我们有能力赋予像思想、信念或经验一类有确定内容的心理状态给那些我们相信生活在这个世界上的人,是否有一些我们思考这个世界时必须采取的方式,是否有一些我们相信事物是非心理或独立于我们所必须采取的方式呢？
>
> （Stroud,1994,243）

斯特劳德指出,弱先验论证不是要证明一个非心理陈述为真,而是在给定相信我们拥有思想和经验的前提下,去揭示我们形成信念、思考和获得经验所必须采取的方式。按照这样的理解方式,前提和结论之间的必然性并不跨越表象与实在的鸿沟,而只是停留在心理的领域。所以,弱先验论证的结论不是以独立于心灵的事实为导向,而是以我们的认知系统中不可避免的思考方式为导向,斯特恩(Stern,2000,10)也因此把弱先验论证称为"以信念为导向"(belief-directed)。

但此处的担心是,既然前面的讨论已经指明强先验论证的撤退使其缺乏哲学意义,难道弱先验论证不是面临同样的命运吗?这一担忧其实没有必要。因为先验论证的根本旨趣是反怀疑论的,因此只要我们能挖掘出先验论证的反怀疑论功效,此处的撤退就并不一定会消解先验论证的哲学价值。那么,如何实现这一关键步骤呢?斯特劳德以一种戴维森的方式提问,我们把有确定内容的思想、信念或经验赋予别人的前提条件是什么?[①] 这里的讨论涉及戴维森的彻底诠释理论(radical interpretation)和宽容原则(the principle of charity)。为了不让讨论过于冗长,我们不妨略过戴维森理论的细节,直接来看斯特劳德对这个问题的答案。[②] 我们可以把答案归纳如下:

> (BA)为了使得信念赋予得以可能,我们必须相信我们所赋予的信念大体上为真并且是融贯的。

大致看来,这个论题是反对怀疑论者常用的一个假设,即:我们的信念广泛出错是一种真实的可能性。我们可以把这个假

[①] 斯特劳德承认这种提问方式是受到戴维森的彻底诠释理论启发,可参见 Stroud(1994,脚注 21)。
[②] 关于戴维森彻底诠释理论的细致讨论和介绍,可参见王静和张志林(2010)以及 Wang(2015)。

设表述如下:

(ME)虽然我们赋予信念,但可能我们赋予的信念是广泛出错的。

那么,(BA)有什么反怀疑论功效呢?在讨论这一问题前,我们可以区分两个问题:一个弱先验论证是否可靠(sound)是一回事,而一个弱先验论证是否有反怀疑论功效是另外一回事。虽然一个有反怀疑论功效的弱先验论证必须首先是可靠的,但由于此处我们主要是讨论弱先验论证的功效,因此我们可以先不考察弱先验论证本身是否可靠这个问题。接下来,我们来看(BA)的反怀疑论功效。

斯特劳德的回应主要依赖两个概念——不可或缺(indispensability)与无懈可击(invulnerability)。由于我们的讨论主要集中在知识论,因此主要是信念拥有不可或缺与无懈可击两种特性。斯特劳德指出:

如果B实现A肯定实现的话,信念A(对于某种思考方式B)就是不可或缺的。

一个信念是无懈可击的是指我们发现该信念被人们持有和发现该信念为错的是不一致的。

(Stroud,1999,166)

可以发现,通过弱先验论证可以较容易地揭露某信念的不可或缺性。因为弱先验论证的前提是怀疑论者与非怀疑论者都接受的心理事实,而其结论是使得前提得以可能的一种必不可少的思考方式。所以,前提与结论之间的必然性正好就是结论(相对于前提来说)的不可或缺性。不过,这同时也意味着如果我们不接受前提,结论就缺乏其不可或缺性。

无懈可击性所展示的是信念对于某种评价的免疫特性。这一评价具体是由评价者对弱先验论证的前提的接受和结论的拒绝组成。举例来看,在给定了(BA)的情况下,任何赋予别人信念的人不可能发现他所赋予的信念是广泛出错的。这是为什么呢?因为承认我们赋予别人信念与否认我们所赋予的信念大致为真这两者是逻辑不一致的。毕竟坚持我们所赋予的信念大致为真是使得我们发现别人拥有信念的必要条件。

关于信念的这两个特性,我想进一步做3点评论。首先,不可或缺蕴涵无懈可击,但反之则不必然。如果一个信念对于某个被承认的前提来说是不可或缺的,我们就无法既接受该前提又发现该信念为错。因为发现某个信念为错恰好是信念评估的结果,但信念评估本身又包涵信念赋予,而这进一步要求我们首先要接受那不可或缺的信念。相反,一个信念是无懈可击的并不蕴涵该信念的不可或缺性。当我们无法获得相关信息时,我们同样无法对一个信念进行评价。比如,当我们思考黑洞里面究竟是怎样的时候,这个问题几乎没有答案。这是因为我们无法获取有关黑洞内的任何信息,即使光线也无法逃离黑洞的引力。当我们想要评价该信念(有关黑洞内的情况的信念)时,我们毫无疑问要面临失败,因为这个任务完全超出了我们的认知能力。但同时我们也能注意到,这个信念对于我们的日常信念来说并非是不可或缺的,因为我们并不需要先持有该信念才能形成其他日常信念。

其次,无懈可击的特性应用于比较普遍的信念和我们可以理解的认知者。因为如果某个无懈可击的信念是很具体的,该信念只会对于很特定的前提是不可或缺的,并且该前提的支持者也会较少。这就意味着该信念的无懈可击意义不大。为了建立广泛的无懈可击,我们就应该寻找尽可能被普遍接受的前提,以此使得结论更加普遍。在怀疑论的讨论中,怀疑论者所质疑的东西是很普遍的。怀疑论者会认为我们关于外部世界的信念会广泛出错。为了很好地应对怀疑论的挑战,我们必须从一个怀疑论者接受的前提开始,然后寻找一个对于该前提不可或缺的信念。所以,如果某人接受该前提,他就应该理性地持有该不可或缺的信念,并进而感受到该信念的无懈可击。这种无懈可击的特性能被所有接受该前提的对话者所共享,但对于拒绝该前提的对话者,结论的不可或缺就不再成立,更不用说无懈可击了。① 一旦我们选择的论证前提是既普遍又根本的,任何拒绝该前提的对话者就会是无法理解的,因为此时我们缺乏一个明确的前提去理解该对话者。

再次,即使不可或缺性拥有反怀疑论的功效,这种功效却不是对怀疑论的否认。怀疑论认为关于外部世界的知识是不可能的。如果要揭示怀疑论是错误的,我们就需要论证关于外部世界的知识是可能的。信念的无懈可击并不保证关于外部世界的知识的可能性,那么,它能提供什么功效呢?斯特劳德指出:

> 我们永远不会发现我们持有当下在讨论的信念并且这些信念是错的。我们不能一致地发觉人类是处于相信这些信念为真的误解或幻觉之中——人类相信这些信念为真,但它们实际上并非如此。
>
> (Stroud,1999,168)

斯特劳德的主要想法是,只要怀疑论者接受弱先验论证的前提,怀疑论就无法造成威胁,因为任何人无法发现他持有无懈可击的信念是错的。也就是说,我们持有某个无懈可击

---

① 这里有一种可能被漏掉,即:结论的不可或缺也许可以通过该对话者所持有的别的信念得出。当然,如果我们排除这种可能性,那么,拒绝了前提,结论就缺乏不可或缺性了。

的信念就已经排除了我们发觉该信念为错这一可能性。对于我们来说,把这一信念当成错的是不可理解的,因此基于此的怀疑论攻击并不能造成任何实质性的挑战。既然怀疑论挑战是不可理喻的,我们为什么要严肃看待怀疑论攻击呢?这一反怀疑论结论看似很强,但却是有条件的。一方面,该结论并未指出我们拥有关于外部世界的知识,它所说的仅仅是我们不应该严肃对待怀疑论挑战。另一方面,这一回应也只对某种类型的怀疑论攻击有效。细致来说,只有怀疑论者接受我们论证的前提,结论的无懈可击才能产生反怀疑论功效。此外,这一回应并未指出作为结论的信念对于世界的任何一套概念系统来说都是不可或缺的,这一回应也并未指出我们永远无法放弃这些无懈可击的信念。

上面已经回顾了斯特劳德关于弱先验论证的反怀疑论意义的思想。他的思想为弱先验论证的使用提供了宝贵的资源,但学界对于这一理论提出了多角度的批评。接下来将继续剖析弱先验论证所面临的哲学困难,并探索潜在的回应思路。

第四节 不可或缺、辩护与引真性

对于弱先验论证的可行性的最核心挑战是,一个信念的不可或缺特性是否为它提供认知辩护?或者表述为,即使一个信念对我们来说是不可或缺和无懈可击的,是否这些特性本身就解释了为什么我们持有该信念是获得认知辩护的?令人担忧的是,如果我们缺乏理由接受这些信念,那么,无论这些信念对于我们是多么地不可或缺,我们持有这些信念仍然会是非理性的。为了让这个担忧展现得更为淋漓尽致,我们可以类比地看一下摩尔悖论。①

摩尔的悖论语句是,"我相信天在下雨,并且天没有在下雨"。这个语句乍看之下在逻辑上是可能的,因为一个人相信某个命题为真并不使得该命题为真。并且在我们的日常生活中,发现自己的信念出错也并非是罕见之事。但我们要注意的是,我们无法断定(assert)这个句子。因为当我们断定一个命题的时候,我们就把自己展现为相信该命题。也就是说,当我断定摩尔语句的时候,我就是在断定我相信天在下雨并且我相信天没有在下雨。此时断定者把自己展现为相信摩尔语句的后半合取支,而由于后半合取支与前半合取支的内容是有冲突的,该断定者就陷入了语用的矛盾之中。② 但由于这个语句本身并非是逻辑矛盾,我们仍然可以思考或理解该语句,我们仅仅是不能断言该语句。

那么,斯特劳德讨论的语句和摩尔语句是否处于相同的地位呢?这是斯特劳德所考虑的语句,"我相信我所赋予的大

---

① 该反驳思路可参见 Brueckner(1986)和 Vahid(2011)。
② 从摩尔悖论的讨论中可以引出的一个结论是,信念是合适断言的规范。

多数信念是真且融贯的,但是并非我所赋予的大多数信念是真且融贯的"。瓦希德(Vahid,2011)论证说斯特劳德的语句和摩尔语句并没有实质区别。一方面,斯特劳德语句的两个合取支拥有融贯的成真条件,因此两者不构成逻辑矛盾。另一方面,当我们断言该句子时,后半合取支断言的内容与前半合取支断言的内容是明显相冲突的,因此该断言会产生语用矛盾。但是,这个事实仅仅表明我们不能断言该句子,它并没有表明我们相信弱先验论证的结论是获得认知辩护的。

布鲁克纳(Brueckner,1986)表达了同样的担忧。他指出,如果我们以一种斯特劳德的方式去应对一个有关下雨的怀疑论者,我们的回应将是很难令人满意的。假设我声称我知道外面在下雨,但下雨怀疑论者则说,既然摩尔的语句是逻辑可能的,我如何知道该可能性(天没有在下雨)没有实现呢?我可以凭借斯特劳德的资源回答,我不能逻辑一致地相信摩尔的语句为真,因为如果相信前半合取支,后半合取支就不能再被相信了,并且反之亦然。因此我主张说雨怀疑论者并没有提出任何实质性的挑战,我可以忽略该可能性。但这个回应是有缺陷的,因为我们难道不是有更好的方式来回应雨怀疑论者吗?比如,透过窗外仔细地观察一下是否在下雨,进而做出是否在下雨的判断。进一步地,无论是摩尔的语句还是斯特劳德的语句,它们所说的仅仅是如果我相信第一个合取支为真,我就不能一致地相信第二个合取支为真。如果避免逻辑不一致是最重要的任务,那么,怀疑论者完全可以让我们在面临怀疑论攻击时重新修改我们的信念系统。这种修改就是不再相信合取支的前半部分。雨怀疑论者当然可以质疑是否我们相信外面在下雨是对的,而我们也会发觉这一质疑是可理解的,并且在某些案例中甚至是对的。但是,如果彻底怀疑论者甚至怀疑我们拥有信念和思想,我们还能做什么?当然,情况没有这么复杂,因为本书所指的怀疑论者并不会走这一步险棋。正如第一章所指出的那样,彻底怀疑论是一个依赖于我们也认为合理的理论前提所产生的悖论。在这个理解框架下,我们拒绝说我们缺乏信念和思想。怀疑论者同样也接受这一起点,并且在此基础上怀疑论者从认知的角度去评价这些信念。我们可以把两者的分歧看成认知评价结果的分歧,即:是否我们的信念是被辩护的,以及是否我们能拥有知识。正因为如此,我们所处理的怀疑论不会走这一步险棋,并且即使有一种怀疑论连这一步也怀疑,那么,这种怀疑论的意义也值得商榷。虽然我们不用担心彻底怀疑论会走这一步险棋,但我们仍然需要回答的关键问题是,为什么我们持有不可或缺的信念是拥有认知辩护的?

在进一步探索之前,我们需要区分几种不同的辩护。辩护是相对于我们的目标来说的,不同的目标能产生不同的辩护的概念。

首先,我们有引真性认知辩护(truth-conducive epistemic

justification)。在知识论中有一个公认的观点，即：我们的目标是尽可能获得真信念，尽可能避免假信念。秉持这个目标，一个信念是被辩护的仅当辩护是引真的，我们可以称之为第一类认知辩护。也就是说，当一个信念是被辩护的，我们可以期待这个信念更可能为真。在此意义上，知识论学者可以进一步细化一个信念是被辩护的是因为它被充足的证据或理由支持。

其次，怀特（Wright，2008，505）论证有第二类认知辩护。我们可以称之为信念管理的认知辩护。这类认知辩护并不从理性支持而来，而是由于遵循信念的构成规范而产生。这些规范的目的是管理我们的信念系统，而我们遵循这些规范是带有强制性的，因为这么做可以保证我们的信念系统达到其特定目标。值得注意的是，第二类认知辩护只可运用于非信念。对于信念来说，因为它们的真值可以借助证据得到评估，所以，它们是可以获得第一类辩护的。但对于非信念，它们缺乏证据的支持，因此我们也缺乏理由相信它们为真。在这个意义上，第二类辩护应用的对象不能是信念。由于这一节我们探讨的对象主要是不可或缺的思考方式，我们把这些非信念的信念态度称为承诺（commitment）。并且如果一个承诺获得第二类认知辩护，我们可以称为理性的承诺。举例来说，为了让我们的信念系统可以尽可能地避免错误的信念，我们必须遵循融贯原则。这是因为如果两个信念是不融贯的，那么,其中一个肯定是错的,我们就应该理性地拒绝其中一个,否则我们的信念系统中就会多包涵一个错误信念。如果一个承诺是可以被辩护的,恰恰就是该承诺的认知后果决定了是否该承诺是被辩护的。

再次,我们拥有实用辩护(pragmatic justification)。如果我们的目标是过上好的生活,那么,一个信念是被实用辩护的,如果该信念帮助我们过上好的生活。举例来看,相信自己的病会很快痊愈对于患者来说是有实用辩护的,因为这个信念会帮助患者在病情的恢复过程中保持信心。即使此时患者缺乏证据支持该信念(即该信念缺乏认知辩护),但这并不影响该信念获得实用辩护。

让我们回到对于不可或缺的信念(或承诺)的担忧。先验论证的使用者需要指明为什么这些信念(或承诺)是拥有认知辩护的。经过上面的区分,这个工作有两条路可以走,或者这些信念(或承诺)是基于引真的证据或理由获得第一类认知辩护,或者这些信念(或承诺)是符合信念的构成规范,从而获得第二类认知辩护。[1] 对于这个问题的回答,我们可以回顾一下沃克(Walker,1999)、斯特恩(Stern,1999)和索萨(Sosa,2011)开启的一条回答进路。这条进路的核心想法是,不可或

---

[1] 弱先验论证的结论是一些不可或缺的思考方式。为了行文方便,这里称之为不可或缺的信念。但是,如果它们获得了第二类认知辩护,我们就应该自然而然地称之为不可或缺的承诺。

缺的信念是可以被辩护的,因为它们与我们所持有的其他信念是相融贯的。但是,我们将指出这条回答进路无法说明为什么不可或缺的信念是在第一类认知辩护的意义上获得辩护的。

根据拉尔夫·沃克(Walker, 1999)来看,第二人称的先验论证可以回答一个问题——是否我们可以有资格相信逻辑或归纳法。他区别了第三人称和第二人称的先验论证,前者旨在建立关于世界的真理,而后者旨在展示某些信念对于思想来说是不可或缺的。我们可以发现第二人称的先验论证恰好就是我们讨论过的弱先验论证。虽然沃克的主要论证标的是休谟关于归纳法的怀疑论,但这并不妨碍我们从他的讨论中汲取有益的思想资源。那么,第二人称的先验论证如何为我们依赖于归纳法提供辩护呢?沃克说道:

> 我们并没有别的严肃可行的替代方法。尝试采取别的方法就是把一个人完全置于无可争辩的处境。既然是这样的话,我们就完全毫无选择,只能接受这些规范。那么,暗示我们没有资格这么做还有什么意义呢?
>
> (Walker, 1999, 23)

沃克在这里表明,关于归纳推理的信念对我们来说是必不可少的,而且我们无法考虑另一种非归纳推理的可能性就自动地让我们获得了持有这些信念的资格。但这是为什么呢？为了驳斥休谟有关归纳的怀疑论，沃克认为我们需要表明基于归纳推理的信念是理性的，而并非只是一种习惯或习俗。此处所说的理性并不是因为归纳能产生真，而只是因为如果要融贯地思考我们别无它法。

那么，沃克所说的意思是我们有关归纳法和逻辑的信念都是在引真性的意义上获得认知辩护的吗？正如前文所说，如果一个信念拥有第一类的认知辩护，我们就可以期待该信念由于被证据和理由支持是更可能为真的。但是，沃克只告诉我们，这些不可或缺的信念是唯一让我们的思想变得融贯的方式，因此我们并不知道是否这些信念被证据所支持。

为了说明为什么不可或缺的信念是拥有第一类认知辩护的，沃克需要进一步论证信念的融贯性是信念为真的可靠指标，即：由于不可或缺的信念与我们所持的别的信念相融贯，因此这些（不可或缺的）信念是真的。瓦希德（Vahid，2011，406）认为沃克的论证顶多赋予了一种非认知的辩护。这是因为沃克的目的仅仅是要让思想和经验变得可能，而这个目标只不过是一些心理状态。并且由于这个目标与我们前文所说的认知目标不同，瓦希德认为沃克的回应是无效的。那么，沃克的方案可以被进一步发展吗？我们不妨继续看斯特恩和索萨的方案。

斯特恩认为弱先验论证拥有反怀疑论效力。他首先区分了认知的怀疑论(epistemic scepticism)和辩护的怀疑论(justificatory scepticism)。认知的怀疑论者要求我们证明,我们的知识拥有决定性的理由,而辩护的怀疑论者则要求我们证明:

> 当相信P的时候我们能给出理由,并且从我们的视角来看,我们可以在该情境中有资格诉诸这些理由,它们也和我们的信念规范相一致,从而使这些信念变得合理(如果不是确定的话)。
>
> (Stern,1999,52)

根据该定义来看,辩护的怀疑论实际上依赖的辩护概念恰好就是非怀疑论者的认知实践中所运用的概念。我们甚至可以感受到,辩护的怀疑论与我们前面讨论的作为悖论的怀疑论有密切的联系,因为这两种怀疑论都依赖于我们非怀疑论者提出的知识理论中的概念和原则。根据我们的标准来看,他们所提出的质疑是,我们的信念是否是被辩护的?斯特恩明确指出他的理论对手是辩护怀疑论,因此他所要阐明的恰恰就是弱先验论证在面对辩护怀疑论时所具有的反怀疑论功效。

斯特恩的回答之关键在于他认为融贯性是一个准则,因此只要不可或缺的信念增加了整个信念集合的融贯性,这些信念就是被辩护的。斯特恩把融贯准则表述如下：

> 如果 S 的信念集包涵 P 时比不包涵 P 或是包涵 P 的替代项来说更融贯，那么，该信念对于 S 来说就是受到辩护的。①

(Stern，1999，54)

该原则所说的是，一个信念是被辩护的，如果该信念增加包涵它的信念集的融贯性。为什么这个原则是合理的呢？斯特恩指出，因为通过这个原则我们能更好地理解我们做出的关于认知决定的合理性的判断。注意到辩护的怀疑论关注的是我们的信念是否符合认知的准则和程序，我们就必须首先识别出这些程序和准则。所以，我们可以细致检查一下我们的认知实践，从而判断是否融贯性是我们在谈论信念辩护时所涉及的标准。在我们的认知实践中，我们致力于获得真信念并且避免假信念。为了达成这一目标，我们首先要支持信念的成真规范，即：我们可以相信 P 当且仅当 P 为真。② 而如果我们可以接受信念的成真规范，融贯规范也就顺理成章。这是因为如果两个信念是不融贯的，那么，其中一个肯定是错

---

① 斯特恩指出这个原则的表述可以追溯到 Dancy(1985，116)。
② 这一规范的支持者可参见 Shah，Velleman(2005)、Boghossian(2003)和 Wedgewood(2002)。

的。因此如果我们要根据成真规范避免错误信念,我们就同样需要避免不融贯的信念。在此意义上,融贯标准的确是管辖我们认知实践的标准。既然融贯标准是切实存在的,那么,我们如何确定是否一个信念提升融贯性呢?斯特恩提议,测试融贯性的标准就是把尚待讨论的信念当成是假的,然后看是否这一改动会瓦解其他已有的信念。一个信念之所以可以瓦解另外一个信念是因为该信念瓦解了认知者对另外一个信念持有的理由。举例来看,如果我持有具体的日常对象(如冰淇淋、猫咪或树木)存在的信念,那么,相信外部世界存在这个信念,就会提升我已有信念的融贯性,并藉此成为被辩护的。我们可以尝试一下斯特恩的测试。假设我相信该信念(外部世界存在)为假,即:我相信并不存在外部世界。此时,我就有一个很强的理由不去相信存在猫咪、树木和冰淇淋等众多日常对象。正因为对该信念的否定会瓦解许多其他我已持有的信念,按照斯特恩的测试该信念就可以使我的信念集更加融贯。因此该信念对于我是受到辩护的。①

如果我们把融贯当作信念的一个准则,我们可以回应辩护的怀疑论者,弱先验论证的确有反怀疑论作用。弱先验论证揭示了这样一个事实,即:如果我们否定那些不可或缺的信

---

① 当一个信念与信念集发生冲突时,我们就需要解决两者之间的冲突。并且我们可以注意到,冲突发生时我们的首要目标是尽可能保留原有信念集,而不是去考察单个信念的真假。

念,我们的信念集的融贯性就会减弱,这是因为不可或缺的信念是使得我们得以理解一些不可置疑的前提的必要条件。并且融贯准则的确是我们在认知实践中运用的准则,因此我们也表明了不可或缺的信念符合我们所用的标准。

不幸的是,斯特恩的方案需要回应一个致命的批评,即:融贯性本身并非是引真的。根据这个批评来看,针对任何信念集 A,可以存在很多替代的信念集合。一个替代的信念集本身是融贯的,但其中的成员与 A 是不一致的。一旦存在同样融贯但却不相容的集合,并且如果这些集合并不需要接触实在就能独立于经验而形成,我们就很难理解融贯性与真之间的联系。① 劳伦斯·邦久(Laurence BonJour)很好地总结了该批评的核心思想:

> 融贯性仅仅是信念系统中成员的内部关系;它毫不依赖于系统中的信念与系统之外任何东西的任何关系。所以,如果像融贯理论所说融贯性是经验辩护的唯一基础,那么,即使一个由经验信念组成的系统与它所要描述的世界毫无任何接触,该系统中的信念也可以是被充分辩护的,甚至是成为经验知识。融贯性要求中并没有强调一个融贯的信念系统必须接受外部世界某种形式的输

---

① 对于融贯主义的批评的总结,可参见 Conee(1995)。

入或者是要因果地受到世界的影响。

(BonJour,1985,108)

虽然面临如此困难,斯特恩却认为内部的辩护就足够了:

当然某些人会对这一欠缺雄心壮志的立场不满意,并坚持认为诉诸纯粹内在的辩护标准必须奠基于证明了这些标准是引真的才算完成,该证明需要以这种方式展开,即:如果我们把信念 P 当作是被辩护的,P 就是确定的或很可能为真的。我们很熟悉这一目标所面临的困难,即:一旦外在的概念被引入了,我们衡量辩护标准所依赖的任何真的陈述都太容易受到怀疑论者质疑了。在我看来,一种更好的进路是承认外在的元辩护是行不通的,但只要我们的准则看起来还能提供从我们所在之处通达真理的最好导引,我们就该否认这些准则是缺乏辩护效力的。

(Stern, 1999,59)

斯特恩的回应力度是较弱的,因为如果辩护并不引出真,这种辩护就无法成为第一类的认知辩护。不可忘记的是,认知辩护的目的就是要帮助我们实现认知目标——真信念的最大化和假信念的最小化。既然斯特恩所说的辩护无法帮助我们完成这个任务,那么,它如何成为认知辩护呢?我们不禁会产生疑问,是否斯特恩能尝试建立一个更强的结论呢?但这方面的困难很明显。萨克斯(Sacks,2000,280)指出斯特恩立场中的张力所在。在萨克斯看来,斯特恩所主张的是一个融贯论的辩护观,而不是融贯论的真理观。但是,如果斯特恩进一步采纳了融贯论的真理观,他就要支持观念论。① 因为如果融贯者就为真,信念之间的内部关系就可以决定什么是实在了。也就是说,信念之为真不再是被世界之所是,而是被信念之间的融贯关系决定。如果这样的立场是对的,斯特恩的修正方案就会很容易遭受攻击。但是,如果斯特恩采取一种符合论的真理观,要为这种混合的立场进行辩护也很困难。或者斯特恩拒绝给出一个有关真的说明,他的整个方案都难以令人满意。

索萨的方案会比前两者更好吗?我们可以来看索萨(Sosa,2011,153)所讨论的致瘫药案例。致瘫药是一种可以使服用者的认知功能完全失灵并且制造出融贯的幻觉的药片。如果某人吃了该药片,他对自己认知官能的信任就是有问题的。此时的问题是,我们如何得知自己从未吃过该致瘫药呢?这个问题是很迫切的,因为如果从我们的理性视角来看,如果我们不能知道自己的感官是与周围环境可靠地联结

---

① 或者他得支持某种形式的反实在论或相对主义。

在一起,关于外部世界的知觉知识也就岌岌可危了。

在谈论索萨的论证之前,我们看一下他关于动物知识(animal knowledge)与反思知识(reflective knowledge)的区分。[①] 在索萨(Sosa,2011,12)的理论中,动物知识是一阶的适切(apt)信念,而反思知识是被认知主体所适切地支持的动物信念。一个信念是适切的,如果该信念的真展现(manifest)了认知者的能力,或者说该信念的真是由于(because of)认知者的认知能力。虽然适切的信念就等于动物知识,但反思知识的要求更高。为了拥有反思的知识,我们必须借助高阶的能力来认识到我们的一阶信念是适切的。在认识的过程中,我们是在评价当我们行使第一阶的能力时所面临的风险。这里所说的风险是指当认知者行使能力时能力是否脆弱或者环境是否合适。[②] 如果认知者没有较好地处理这些风险,他的信念就缺乏高阶适切性。借助这一区分,我们就可以理解索萨对于致瘫药案例的回应。

初看起来,我们服用过该药片的确是一个可能性。但是,我们如何能说服自己我们事实上并没有这样做呢?我们是否可以依赖于自己的认知官能来判断我们并没有这样做呢?看起来这是行不通的。因为如果我们要依赖于自己的认知官能

[①] 该区分可参见 Sosa(1991;2009;2011)。

[②] 参见 Sosa(2011,7)。

来判断是否服用过致瘫药，我们就必须做出这样的承诺，即：我们的认知官能是可靠的，并且我们可以合理地相信感官所提供的内容。一旦该承诺被明确了，显而易见的结论就是我们并未服用过致瘫药。我们可以把索萨的推理表述如下：

S_1　如果我们服用了致瘫药，我们的感官就会是不可靠的。

S_2　为了要获得我们服用了致瘫药的证据，我们必须按照正常的方式去相信和使用自己的感官。

S_3　如果我们必须依赖感官去获取证据，我们就必须承诺感官知觉的可靠性。

S_4　如果我们要承诺感官知觉的可靠性，我们就必须承诺我们从未服用过致瘫药。

这里需要注意的是，S_4 并不是 S_1 的换质换位。从 S_1 可以推出的仅仅是，如果我们的感官是可靠的，那么，我们没有服用过致瘫药。因此上述的推理并不能论证说我们并未服用过致瘫药。可以认为索萨是想暗示具有这种形式的信念是有问题的，即：〈我相信我服用过致瘫药，并且我拥有可信的证据支持这一想法〉这一合取命题是有问题的。这是因为如果我相信我服用过致瘫药，我就应该相信自己的感官是不可靠的，并且我不可能拥有任何可信的证据支持我服用过致瘫药这一想法。相反,我们获取证据的认知实践是依赖于我们从未服用过致瘫药的承诺,而这个承诺就使得我们拥有资格排除掉我们服用过致瘫药的可能性。总结来说,具有上述形式的信念是不融贯的。那么,我们是否可以承认该合取信念的前半部分,而不需要承认后半部分呢?看来不能。其原因在于,如果在没有证据或理由支持一个命题时我们就相信该命题,我们仍然会是在认知上不负责的。

当我们思考命题〈我的认知官能是可靠的〉时,有3种可采取的态度,它们分别是相信、不相信与悬置判断。采取哪种态度是最合理的呢?索萨(Sosa,2011,155)论证说,即使你有足够的证据支持你服用过致瘫药,你仍然既不能拥有辩护地相信你服用过致瘫药,也不能拥有辩护地在此问题上悬置判断,因为这两个姿态都是自我驳斥的。如果一个人相信他服用过致瘫药,他就应该因此相信他的感官知觉是不可靠的,但我们能设想一个人相信自己服用过致瘫药的案例吗?假设我们的主角蓉蓉拥有下面两个证据:a. 好友小琛告诉我她在我吃完的甜品里藏了一颗致瘫药;b. 好友小宋说她不能感知到我所感知到的东西。那么,这两个证据是否可以支持命题〈蓉蓉服用过致瘫药〉呢?在某种意义上可以,因为这些证据使得该命题更可能为真。但是,该案例中的蓉蓉的第一人称视角的推理却是存在问题的:

a. 好友小琛告诉我,她在我吃完的甜品里藏了一颗致瘫药。

b. 好友小宋说她不能感知到我所感知到的东西。

c. 所以,我有好的证据去相信我服用过致瘫药。(甚至如果融贯的证据不断增加,我可以有足够强的证据相信我服用过致瘫药。)

上述推理是自我驳斥的,因为对于结论的辩护会削弱或推翻我们对前提的辩护。说得更确切一点,如果蓉蓉拥有较好或很强的证据支持说她服用过致瘫药,她就应该承诺说自己的感官是不可靠的。但是,如果她的感官是不可靠的,她如何可以把 a 和 b 看作真实的证据,而不是把它们看作幻觉呢?我们不可忽略的是,a 和 b 都只能从蓉蓉的感觉证据中获得,因此如果它们来自幻觉,它们就缺乏对证据的真正支持。也就是说,只有蓉蓉承诺了自己感官知觉的可靠性,她才可以合理地说自己获得了这些证据。因此该案例告诉我们,一个人基于证据去相信自己服用过致瘫药这个想法是自我驳斥的。

那么,蓉蓉可以在该问题上悬置判断吗?也不能。这是因为如果她要悬置判断,就意味着她有意识地拒绝承认或否定自己的知觉是可靠的。要理性地持有和保持这一态度,她需要有足够的理由,否则她的信念态度就是不合适的。一种可能的理由是,她有支持和反对该命题的同等强度的证据,因此她无法决定应该是支持还是反对该命题。但如果这是她悬置判断的理由,她仍然会面临自我驳斥的问题。因为她手中反对自己知觉可靠性的理由总是自我驳斥的,这种悬置判断的状态也会因此变成自我驳斥的。

总结来看,在看待自己的认知官能是否可靠这件事上,唯一的理性答案就是选择相信。基于这一立场,索萨(Sosa,2011,157)进一步说,我们也能推论出我们从未服用过致瘫药。但是,索萨也做了一些澄清式的补充。

首先,除了揭示出某个信念态度是必不可少的,我们有理由相信我们并未服用过致瘫药。他指出,相信我们从未服用过致瘫药比别的选择更融贯(至少该选择不是自我驳斥的),因此在这个意义上选择相信是我们最好的理性策略。那么,这个理由是不是认知的理由?至少这个理性策略的目的是为了避免自我驳斥,因此可以看成是一个认知理由。甚至说得更强一点,如果索萨的论证是有说服力的,那么,该理性策略在认知的层面具有强制性。毫无疑问,具有认知层面的强制性的东西当然是在认知领域的东西,但是否这个认知理由以某种方式与真有关系呢?

其次,索萨也意识到两个维度的评价之间存在冲突。在动物层面上,一个人有可能在借助第一层次的可靠能力基础上拥有证据支持说自己服用过致瘫药,但按前所述这个命题却不能被我们融贯地支持。也就是说,在反思的维度上,为了避免自我驳斥,一个人唯一的理性选择只能是相信自己从未服用过致瘫药。在索萨看来,动物层面与反思层面之间出现的这个尤为突出的冲突是无法被轻易化解的。

相比来说,索萨的进路比斯特恩的进路更好,因为前者更能说明信念的可靠性,特别是索萨可以解释融贯性本身与真的关联。在动物层次上,如果一个人的可靠官能正常工作,他就会获得有关外部环境的大致上为真的信念。此时,他(第一层次)能力的行使并不要求他(在第二层次)理性地支持自己能力的可靠性。因此真的问题是优先于并且独立于辩护问题的。辩护的问题是产生于反思层面的,因为在这一层面上一个人要认为自己行使的能力是可靠的,还有能力行使时条件的合适性。在反思层面上,如果一个人选择了唯一的完全理性姿态,他就会信赖自己感官所提供的诸多信息。也可以说,这个人会相信,他基于感官所形成的信念在长远看来大体上是真的,因为自己与环境是协调配合的。

对于斯特恩来说,从融贯到真的过渡就缺乏一条可行的道路。因此他只能让步并承认,即使融贯性并不必然引出真,它还是保留了自身辩护的地位。因为斯特恩的论辩对手是辩护怀疑论,所以,这样一个让步当然是可以理解的。但既然索萨的方案在这方面更有优势,我们在回答融贯与真之间的关系时就多了一份希望。那么,索萨的方案给我们留下什么思考呢?米建国(2014)指出,索萨的先验论证并未证明怀疑论是错的。这主要是因为，在动物层面，我们的证据并不必然支持怀疑论或反怀疑论一方；而在反思层面，索萨的论证顶多说的是，在3种信念姿态之中，相信我们的感官是可靠的为一个更融贯的选择。可见无论在哪个层面，我们还没有证明怀疑论是错的。

即使可以表明相信我们的感官是可靠的为一个更融贯的选择，并且这也是一个认知的理由，我们的努力尚显不够。回想一下，对于不可或缺的信念的辩护需要完成这样一个任务——表明对于不可或缺的信念我们拥有认知辩护，并且认知辩护是在引真的意义上理解的。如果相信我们的感官是可靠的为一个不可或缺的信念，并且有好的认知理由支持该信念，是否这个理由本身就使得该信念更有可能为真呢？这个问题本身其实就是融贯性本身是否能产生真的经典问题。索萨并没有在这方面做出更多回答，他唯一指出的是，信赖我们的感官可以让我们获得更多真信念。当然，如果我们的感官是可靠的并且正常运作，我们的确会拥有很多真信念，但是，拥有很多真信念并不能帮助我们回答我们的感官是否可靠这个问题。其中的难点是，依赖真信念的积累去辩护感官的可靠性恰恰是认知循环的。这里的循环表现在，如果我们不事先承诺感官的可靠性，我们就缺乏理由去信赖感官所提供的信息。这样看来，除非索萨表明了融贯性本身足够产生真，他的方案还是不够令人满意。

正如前文所提,我们可以区分两种认知辩护。如果要尝试表明不可或缺的信念拥有第一类认知辩护,我们就必须表明不可或缺的信念所拥有的性质(如融贯性)如何使得该信念更可能为真。这个任务很困难,关键是从融贯到真并没有直接的联结。我们业已发现,沃克和斯特恩都把他们的讨论限定在第一类认知辩护上,因此所给出的答案并不令人满意。令人庆幸的是,我们还可以尝试证明不可或缺的信念拥有第二类认知辩护,而此时我们也不必再解释为什么这个信念是真的。我们只需要阐明该信念如何帮助整个信念系统实现其典型的目标。比如,在索萨的方案里,通过采取我从未服用过致瘫药这一信念,我就可以信赖自身感官的可靠性,从而获得更多的真信念。如果我们不这样做,我们就会怀疑自身的知觉,因此也会怀疑任何经验获得的命题。这也是一种更好地理解融贯性在认知辩护中所发挥的作用的方式。

小结

在本章的讨论中我们可以看出,依赖于融贯性来辩护不可或缺的信念是很难在第一类认知辩护的意义上达成的。唯一留给弱先验论证的使用者的后路是寻找第二类的认知辩护。所以,如果想要探索弱先验论证的反怀疑论意义,这个问题就成为关键的理论突破点。限于篇幅,本书不再向这个角度继续挖掘,但我想提出下面两个关键问题,让读者有更明确的问题线索。

首先,第二类认知辩护是否在本质上是一种认知后果主义(epistemic consequentialism)?粗略来说,认知后果主义的观点是,一个心灵状态(如信念)的认知属性是由其带来的认知后果所决定的。[1] 如果我们接受某一命题,并且该信念引发了一些积极的认知后果,比如,获得了更多真信念、避免了认知瘫痪或获得了更融贯的信念系统,那么,我们的信念就是获得认知辩护的。如果第二类认知辩护是一种认知后果主义,我们就必须进一步回答认知后果主义的几个关键问题,如什么是"认知后果"、什么是"引起"以及该理论的适用范围等。

其次,认知后果主义同样面临学界的批评。其中一个关键的困难是,认知后果主义是否会允许认知交易(epistemic trade-off)?[2] 我们可以用一个例子来展现该难题。假设我现在思考某个命题 P,并且我手上有一些反对 P 的理由,虽然反面证据不算太强,但我也缺乏任何正面支持 P 的理由。此时,有一个小精灵告诉我,如果我相信 P,我将会在今后学术研究的道路上更容易发现真理且避免误区。假设小精灵所言不虚并且她真有提升我的认知处境的超能力,那么,根据认知后果主义来看,似乎相信 P 就能带来好的认知结果,因此我相信 P

---

[1] 相关的讨论可参见 Percival(2002)和 Jenkins(2007,32)。
[2] 该批评可参见 Berker(2013a;2013b)和 Andow(2017)。

就会是获得辩护的。但根据其他的认知辩护理论来看,在缺乏正面证据以及还面临有挫败者(defeater)出现的局面,相信P毫无疑问是缺乏认知辩护的。所以,我们是为了换取未来更好的认知结果从而牺牲当下吗?

无论认知后果主义是否允许认知交易,我们都必须进一步地为认知后果主义进行辩护,从而为第二类认知辩护乃至先验论证提供新的理论支持。这些问题是有深度和价值的,且待有兴趣的学者进一步挖掘。

第四章

语境主义反怀疑论

从本章开始,我们具体来探讨一些在当代反怀疑论领域有影响力的理论。在第二章中我们已经介绍,怀疑论的论证包括基于闭合原则的怀疑论论证和基于非充分决定原则的怀疑论论证,而大多数理论处理的是基于闭合原则的怀疑论论证。本章我们先来看语境主义(contextualism)。知识论语境主义是当代知识论中最有影响力的流派之一。该理论在国内外都得到充分的讨论,因此是我们无法绕过去的一个理论。[①] 让我们先回想一下基于闭合原则的怀疑论论证。

基于闭合原则的怀疑论论证

(CK_1)S 不能知道 $-SH$。

(CK_2)如果 S 知道 E,并且 S 知道 E 蕴涵 $-SH$,那

---

① 国内的讨论主要参见曹剑波(2005;2009;2010)、阳建国(2008;2009;2016)、陈晓平(2013)、徐向东(2006)、程炼(2004)和常红(2013)。

么,S 就可以知道 -SH。

(CK₃) 因此 S 不知道 E。

要躲避怀疑论结论,其中一种出路是否认这个推理在同一语境下的有效性。也就是说,这个论证犯了模棱两可(equivocation)的错误。我们可以类比下面的这个打工论证:

(1) 每个人都是其母亲的孩子。
(2) 孩子是不允许打工的。
(3) 所以,每个人都是不允许打工的。

该论证表面看起来的论证形式是有效的,但它其实是一个模棱两可的论证。① 模棱两可的论证实质上是论证的形式有效和前提为真无法同时实现的论证。我们可以发现该论证的"孩子"这个概念有两种解读:一种表示某人的后代,另一种表示在某个年龄段的个体。因此当(1)至(3)的推理形式有效时,陈述(1)和(2)必须采取同一解读,那么,(1)或(2)就有一个是错误的陈述,因此这不是一个有说服力的论证。当(1)和

---

① 打工论证初看起来的论证形式如下:
  (1) 所有的 A 是 B。
  (2) 所有的 B 是 C。
  (3) 所以,所有的 A 是 C。

(2)都为真时,两者就必须采取对"孩子"的不同解读,此时,论证的形式就不再有效,而整个论证也还是没有说服力。① 受到这一启发,我们便可以理解语境主义对基于闭合原则的怀疑论论证的反驳。语境主义的核心想法是,"知道"这个词是语境敏感的,因此在基于闭合原则的怀疑论论证中,有不同涵义的"知道"混淆其中,所以,该论证也是没有说服力的。

第一节 语境主义

语境主义是一个范围很大的标签,它既可以是语言哲学中的一个论题,也可以是知识论当中的论题。在知识论中,语境主义的关键思想可以概括为,知识归赋是语境敏感的。更确切地说,知识归赋的真值条件取决于归赋知识语句言说的语境。② 需要注意的是,在知识论领域有另外一些理论也和语境主义相关,但不在本章的讨论范围。③ 下面我将会更详细地

---

① 采取不同的解读时,其论证形式就变成:
 (1)所有的 A 是 B。
 (2)所有的 D 是 C。
 (3)所以,所有的 A 是 C。
② 语境主义的早期代表论文参见 Cohen(1988;1999)、DeRose(1995)和 Lewis(1996)。这里我们只说了归赋知识的语句(如"S 知道 P"),但否定知识的语句同样也包涵在内(如"S 不知道 P")。这里的概括主要参见 DeRose(2009,3)。
③ 比如,语境主义的辩护观参见 Annis(1978),以及认知评价语境主义参见 Williams(1991)。Annis(1978,215)的核心想法是,当我们考虑 S 相信 H 是否为被辩护的,我们必须参考提出问题的语境(issuecontext)所要求的(转下页)

介绍知识论的语境主义的一些相关内容。

首先,语境主义者认为"知道"这个词是语境敏感(context-sensitive)的。那么,什么是语境敏感?为什么"知道"这个词是语境敏感的呢?我们先看语境敏感。在我们的语言中,有一些词表达的内容是由其说出的语境所决定的。因此包涵这类词汇的两个语句即使在形式上看似矛盾,但却可以同时为真。比如,当一个人在上海说"这里下雨",而另一个人同时在爱丁堡说"这里没下雨"。两句话在形式上是矛盾的,断定了一个地方既下雨又不下雨,但其实两句话中"这里"所指代的地方却是不同的。因此由于言说的语境不同,"这里"这个词拥有了不同的意义,我们因此可以看到"这里"这个词的语境敏感性,即:词的指称会随着言说语境变化而变化。这个特性也进一步可以解释为什么"这里下雨"这句话被不同的人说出时拥有不同的成真条件。因为当一个人在上海说"这里下雨",该陈述为真当且仅当说话时上海在下雨,而当另一个人在伦敦说"这里下雨",该陈述为真当且仅当说话时伦敦在下雨。所以,一个词的语境敏感性也会使得包涵这个词

(接上页)知识或理解的层次。问题语境决定了哪些质疑群体是合适的。如果相对于问题语境来说,S相信H是被辩护的,S就必须回应所有质疑,这些质疑或者是表明S并不处于知道H的有利地位,或者是质疑H是假的。进一步地,质疑者必须是真理的追求者,他们也需要表达真实的(对于质疑者来说,发生概率是不低的)质疑。

的语句的成真条件具有语境敏感性。

具有语境敏感性的词有3类。第一类是指示词（indexical），如"我"、"今天"、"这里"、"那里"、"这"、"那"等。这些指称很明显会随着语境而改变。上面下雨的例子已经展示了这一点。

第二类是形容词，如"高"、"胖"等。在不同的言说语境中，"高"这个词的涵义也会发生变化。比如，小李身高1.90米，他想去参选学校篮球队中锋，但篮球队主教练想找一个2米以上的中锋，于是就说"小李个子不高"。没有被录取后，小李正沮丧地走在回家的路上，看到同学们正在打的羽毛球落在了树枝上。同学们都摸不到，小李伸手正好摸到了羽毛球，于是一个同学就说"小李个子真高"。两个句子看似是矛盾的，但其实可以同真。这是因为，在两个言说的语境中，包涵"高"的整个语句的成真条件是不同的。前一句是参照2米的标准判断小李不高，后一句是参照摸不到树上羽毛球的同学的身高判断小李高。可见在前后两句话中"高"的标准发生了变化，所以，语句的成真条件也随之改变。

第三类词汇是量词，如"所有"、"有些"、"没有"。包涵这类词汇的语句同样可以在形式上矛盾但同时为真。比如，小红和小刚去小明家玩，小红感觉肚子饿，就问小明家有没有牛奶。小明检查了冰箱后说："我家没有牛奶了。"小刚说："幸好没有牛奶，我最近只要闻到牛奶就会恶心想吐。"小明想了想，赶紧说:"我家湿垃圾桶里还有昨天洒的一些牛奶,我赶快去倒掉。"小明的两句话都是真话。在小红和小明的对话中,"有没有"和"没有"指的是可以喝的牛奶,而在小刚与小明的对话中,"有一些"指的是足以引发小刚身体不良反应的量的牛奶。因此在小红和小明的对话中,垃圾桶里的牛奶是不相关的,而在小刚与小明的对话中,垃圾桶里的牛奶则是相关的。从这个例子我们可以看出,包涵量词的句子的成真条件也取决于对话语境中的相关性条件。

既然我们已经对语境敏感性稍有了解,接下来我们就要来看为什么"知道"这个词和上述词汇一样是语境敏感的。这里我们可以看一下语境主义者德罗斯(DeRose, 1992)的备受讨论的银行案例。

案例 A

今天是周五,凯斯和他的妻子开车回家,顺路去银行存支票。抵达银行时,发现排队过长。虽然一般他们都喜欢尽快存支票,但想起来也不一定要今天存,于是妻子建议先回家,周六早上再来存。妻子说:"可能这家银行周六早上不开门,很多银行周六都不开。"凯斯说:"我知道这家银行周六开门,两周前我就是周六来办事,这家银行开到中午呢!"然后两人没有进一步确认就驾车离开了。

案例 B

今天是周五,凯斯和他的妻子开车回家,顺路去银行存支票,其余情况都和案例 A 一致。不同的是,这次是一张大支票,如果不及时存了的话,大笔金额下周一就会返还到签支票的人那里,从而给凯斯和妻子带来一大堆麻烦(比如,他们需要及时还款)。妻子就问:"银行偶尔会更改营业时间的,并且周日银行不开门,你知道明天银行会开吗?"凯斯说:"我并不知道这家银行周六会开门,也许我该进去问一问。"于是两人走进银行去确认银行的开门时间。

(DeRose,1992,913)

那么,读者分别考虑两个案例时是否会认为凯斯的陈述都是真的呢? 如果是,德罗斯认为语境主义就能以此为起点呈现自己的理论。语境主义者会这样解释案例 A 和 B 中发生的情况。在两个案例中,凯斯所说的话一句是"我知道这家银行周六开门",另一句话是"我并不知道这家银行周六会开门",虽然看起来是矛盾的,但都是真的。这是因为在案例 B 中认知标准高,而在案例 A 中认知标准低。这里的认知标准是指一个言说者的陈述为真所必须满足的认知标准(epistemic standard)。更细致说来,认知标准的变化可以反映在需要排除的候选项产生的变化。① 在案例 B 中,银行可能会修改营业时间就是一个相关的候选项,而该候选项在案例 A 中却不相关,所以,即使在两个案例中,凯斯关于银行是否开门的证据并没有发生改变,但认知标准变了,因此"知道"也是语境敏感的。这是从日常语用的案例中给出的对语境主义的支持,但需要注意的是,对于这一类对比式的案例也有非语境主义的解释。②

值得注意的是,即使这些日常语用的案例被证明是无法为语境主义提供支持的,语境主义者仍然有别的资源可以辩护自己的立场。比如,如果基于好的理由获得的辩护是知识的构成部分,那么,由于辩护的强度有高低之分,语境主义者就可以论证说,一个信念需要多么好的理由支持才能算是被辩护的也是依赖于语境的。③ 此外,彼得·鲍曼(Peter Baumann)也指出,语境主义还可以从可靠性(reliability)和运

---

① 语境主义者对于到底是什么因素随着语境而变化有不同的回答。Cohen(1988)和 Lewis(1996)认为变化的是相关候选项的范围(relevant alternatives),而 DeRose(1995)则认为是真所需要追踪(track)的可能世界的范围。但他们共同承认语境的变化改变了认知的标准。
② 相似的案例除了德罗斯的银行案例,比较知名的还有机场案例,参见 Cohen(1999)。对这些案例的解释进路有格赖斯式进路[如 Schaffer(2004)、Rysiew(2001)、Hazlett(2009)]、敏感的不变主义[如 Hawthorne(2004)、Stanley(2007)、Fantl, McGrath(2009)],以及关于知识归赋的相对主义[MacFarlane(2005)]。
③ 该想法可参见 Cohen(1999,60)。

气(luck)两个概念获得支持。基于可靠性的论证的大致思想可以表述如下：

基于可靠性的语境主义论证

（1）如果"S知道P"在语境C是真的，"S的信念P是可靠的"在语境C就是真的。

（2）形式如"S的信念P是可靠的"的句子的真值条件会随着说话者的语境而变化。

（3）所以，形式如"S知道P"的句子的真值条件会随着说话者的语境而变化。

(Baumann, 2016, 33)

而基于运气的论证其大致思想可以表述如下：

基于运气的语境主义论证

（1）如果"S知道P"在语境C是真的，"S的信念P并非是幸运的"在语境C就是真的。

（2）形式如"S的信念P并非是幸运的"的句子的真值条件会随着说话者的语境而变化。

（3）所以，形式如"S知道P"的句子的真值条件会随着说话者的语境而变化。

(Baumann, 2016, 65)

由此可见,语境主义的正面支持论证并不仅仅限于日常语用案例。支持语境主义的论证是否成立值得进一步的细致讨论,本书不在这一点上继续深入。为了不偏离讨论主线,我们不妨预设"知道"也是语境敏感的,并转而关注语境主义是如何面对怀疑论攻击的。

第二节 语境主义与怀疑论

语境主义对于怀疑论悖论能够给出什么回答呢?虽然不同版本的语境主义在细节上有差别,但是,语境主义反怀疑论的核心策略包涵以下两点。[①]

首先,在日常语境中,我们所用的知识标准是较低的和松散的。由于该标准比较容易满足,因此当我们说某人知道命题P时,我们的知识归赋语句经常是真的。而当进入怀疑论语境时,知识的标准被提高了,甚至是不切实际的高,此时,我们的知识归赋语句就是假的,而怀疑论者否定我们拥有知识的语句就是真的。

其次,怀疑论语境和日常语境并不冲突,两者可以共存。这就像前面谈论身高的两个语境可以共存一样。因此我们既

---

① 读者如果想进一步了解具体的语境主义反怀疑论方案,可参见阳建国(2016)。书中细致地介绍了3个语境主义流派,作者分别称为"虚拟条件的语境主义"、"相关替代论语境主义"和"步步为营的语境主义"。

可以承认怀疑论是真的,也可以保持日常的知识归赋语句的正确性。于是,语境主义既解释了怀疑论所拥有的直观上的正确性,也让日常知识躲避了怀疑论的攻击,从而成为了一种反怀疑论的哲学武器。语境主义者还能补充说,正是因为我们在进入怀疑论悖论时没有意识到其中由于认知标准的转变而带来语境的转变(shift),所以,我们会认为悖论中 3 个陈述都为真,进而为怀疑论问题所困扰。一旦意识到语境的转换,我们就能逃避怀疑论造成的表面的攻击。

语境主义对怀疑论论证的回应是十分简洁明了的,让我们结合怀疑论论证进一步分析。为了讨论的方便和精确,我们可以区分在两个语境中的"知道",分别用"知道$_L$"代表低标准的知道和用"知道$_H$"代表高标准的知道,怀疑论悖论中 3 个陈述的真值就会有所变化。

怀疑论悖论

(1) S 不知道 -SH。
(2) 如果 S 知道 E,那么,S 一定可以知道 -SH。
(3) S 知道 E。

语境主义者指出,在上述悖论中,当(1)是正确的,我们需要运用知道$_H$的标准。当(2)是正确的时候,我们可以运用知道$_L$或者知道$_H$,但当(3)是正确的时候,我们需要运用知道$_L$的标准。因此没有同一个语境可以使得(1)至(3)同时正确,而基于上述 3 个陈述构成的论证也会是模棱两可的。

假设怀疑论者为了避免模棱两可的批评,重新贯彻一个知道的标准,情况会是怎么样呢?我们来尝试替怀疑论者重新构造论证如下:

基于闭合原则的高标准怀疑论论证

(CH_1) S 不能知道$_H$ $-SH$。

(CH_2) 如果 S 知道$_H$ E,并且 S 知道$_H$ E 蕴涵 $-SH$,那么,S 就可以知道$_H$ $-SH$。

(CH_3) 因此 S 不知道$_H$ E。[①]

该论证的推论形式是有效的,并且前提也为真。该论证的结论指出,根据高标准来看,我们缺乏日常知识。不过这个结论对于语境主义者来说是无伤大雅的,因为他们想要辩护的是日常知识,即运用日常低标准的知识。所以,即使(CH_3)为真,语境主义者也不会认为这是一个怀疑论的结果。那么,是否可以进一步拓展高标准怀疑论论证如下呢?

---

① 这里的讨论受到 Hazlett(2014,152—153)的启发。

基于闭合原则的混合标准怀疑论论证*

(CH_1) S 不能知道$_H$ - SH。

(CH_2) 如果 S 知道$_H$E,并且 S 知道$_H$E 蕴涵 - SH,那么,S 就可以知道$_H$ - SH。

(CH_3) 因此 S 不知道$_H$E。

(CH_4) 如果 S 不知道$_H$E,那么,S 就不知道$_L$E。

(CH_5) 因此 S 不知道$_L$E。

上述论证虽然攻击的是低标准的知识,但是,其关键性的过渡前提(CH_4)却不会被语境主义者接受。对于传统的不变主义者(traditional invariantist)来说,(CH_4)是比较合理的,因为他们认为只要不改变认知者方面与命题的真有关的因素(truth-relevant factors),语境的改变不影响认知者的知识状态。但是,语境主义者的核心观点正是知识归属语句的成真条件会随语境变化而变化,所以,不能从 S 在一个语境不知道 E 来推出 S 在另外一个语境还是不知道 E。既然(CH_4)被语境主义者所拒绝,那么,日常知识还是不会受到上述论证的威胁。既然基于高标准的怀疑论论证达不到怀疑论结论,那么,基于低标准的会怎样呢?

基于闭合原则的低标准怀疑论论证

(CL_1) S 不能知道$_L$ - SH。

(CL$_2$) 如果 S 知道$_L$E,并且 S 知道$_L$E 蕴涵 -SH,那么,S 就可以知道$_L$ -SH。

(CL$_3$) 因此 S 不知道$_L$E。

这个论证同样也是有效的,但前提是否都为真呢?(CL$_2$)是语境主义者乐于接受的,但(CL$_1$)则较难回答。根据适应原则(rule of accommodation),当怀疑论情景或假设在对话中提出,知识的标准就会相应地提高,因此要使得 S 不能知道 -SH 为真,对话情景一定得采纳高标准,所以,语境主义者有理由反对(CL$_1$)。① 但我们仍然可以质疑,既然只能说 S 不能知道$_H$ -SH,那么,S 在运用知道$_L$ 的标准时,是知道$_L$ -SH,还是根本无法以 -SH 为知道$_L$ 的对象呢?前一个答案乍看起来并不合理,因为即使运用低知识标准,我们到底如何知道$_L$ -SH 呢?② 难道不是提到或考虑怀疑论假设,语境就自动变成高标准了吗?但如果我们把基于闭合原则的低标准怀疑论论证改变成基于闭合原则的低标准反怀疑论论证,就会产生一个有趣的结果。

---

① 至少根据 Cohen(1988)和 Lewis(1979a;1996)的语境主义版本来看,对话中引入怀疑论的可能性就足够让这个可能性变成相关的替代项。
② 如果承认 -SH 根本无法成为知道$_L$ 的对象则会引起问题,因为这样会使得低标准闭合原则不再成立。注意到低标准闭合原则已经明确提到 -SH,所以,语境主义者只能允许高标准闭合原则。

基于闭合原则的低标准反怀疑论论证

(CL_1^*) S 知道$_L$E。

(CL_2^*) 如果 S 知道$_L$E，并且 S 知道$_L$E 蕴涵 −SH，那么，S 就可以知道$_L$ −SH。

(CL_3^*) 因此 S 可以知道$_L$ −SH。

这个论证的推论是合理的，并且两个前提都为真，因此似乎语境主义者必须接受(CL_3^*)。① 如果接受(CL_3^*)，语境主义者就必须进一步解释为什么这里引入怀疑论语境并没有提升知识的标准，这一步是否能做到是一个比较复杂的问题。但假设做到了，语境主义者是否还仅仅只是指出怀疑论否定知识的陈述和日常归赋知识的陈述都正确？难道不是还暗藏了一种较弱的摩尔式的反怀疑论结论吗？

我们已经初步了解语境主义的反怀疑论策略，该方案有两个显著的优点。首先，该方案提供了一种摆脱怀疑论悖论的方法。根据语境主义看来，日常语境中赋予知识的语句与怀疑论语境中否认知识的语句不仅是相容的，还同时为真，但

---

① Cohen(1999,66)在讨论斑马案例时承认，根据日常标准，当一个人知道面前有匹斑马，他也可以基于闭合原则知道那不是一头巧妙化妆的驴。关于斑马案例的进一步讨论，请见本书第五章第四节。读者也许会认为斑马案例和怀疑论有差别，语境主义者承认前面不代表也要承认后面。但 Cohen(1999,67)明确指出，在日常语境中说认知者不知道怀疑论命题为假是错的。

由于怀疑论悖论中存在语境的转换,因此基于该悖论的怀疑论论证是模棱两可的。其次,该理论带有理论诊断的功效。语境主义解释了怀疑论悖论直观上具有的可行性,因此并非仅仅摆脱了怀疑论悖论,也让我们意识到我们的知识理论本身是没有错的,也无需修改。我们只需要认识到为什么我们会陷入怀疑论陷阱。正是这些优点使得语境主义在众多反怀疑论方案中备受关注。

第三节 语境主义反怀疑论策略的困难

这一节我们来看一下语境主义反怀疑论面临的两个核心困难。[①]

首先,有学者指出语境主义和知识论并不相关。[②] 因为语境主义就其核心思想表述来看是一个有关知识归赋的语义学论题,而非一个有关知识本质的论题。德罗斯就曾把这个批评表述如下:

> 广为人知的是,语境主义引发了下面这类强烈的不满:"你们语境主义根本不是一个知识的理论,它只不过

[①] 语境主义本身面临的困难很多,这里只关注与反怀疑论密切相关的困难。对于语境主义本身面临的困难较全面的概括,可参见 Rysiew(2011)和 Baumann(2016)。

[②] 参见 Klein(2000)和 Sosa(2000)。

是一个有关知识归属的理论。因此它根本不算知识论,而只是语言哲学。"

(DeRose,2009,18)

这个批评的定位是准确的,因为语境主义首先是一个语义学论题,是一个有关包涵"知道"的句子的真值条件的论题,而非知识论论题。因此我们不能错误地把语境主义直接概括为一个知识论论题,这应该引起注意。① 但是否由于语境主义首先是一个语义学论题,就可以推出它与知识论毫无关系呢?德罗斯对此的回应是,语境主义者正是意识到语言哲学和知识论的密切联系,才以对于"知道"的语义学讨论为出发点,进而尝试为回答知识论中的一些核心难题(如怀疑论问题)做出贡献。可以看出,这种研究进路是与早期分析哲学的语言转向有着密切联系的。可以把语言转向的核心思想大致概括为,对于语言的意义的分析是解决哲学问题的首要步骤。② 德罗斯类比说,这就好比讨论自由意志与决定论问题的哲学家也对一个行动被称作"自由"是什么意思感兴趣一样。如果一个词在不同的语境下可以表示不同的意思,那么,忽略了语义

---

① Hannon(2017,137)指出 Bach(2005,54—55)犯了这个错误,但细读原文可以发现后者并没有犯这个错误。
② 这是较弱化的表述。更强的表述是,对于语言的意义的分析是解决哲学问题的唯一方法。对于语言转学的核心文集可参见 Rorty(1992)。

转变这一事实很可能会引起一系列理论问题。同理,如果包涵"知道"的言语在不同的语境也表达不同的命题,那么,对这一事实的无知也会引起知识论领域的问题。德罗斯认为,为了更好地理解知识,一件很重要的事是识别出当某人说"知道"时它到底意味什么。这样看来,德罗斯的语境主义进路并非与知识论毫无关系。但我们必须意识到,仅仅语境主义本身并不能解决怀疑论问题,因此语境主义者必须同时辅助以额外的知识理论来解决怀疑论问题,如德罗斯借助了敏感性理论、科恩借助了证据主义。① 即使语境主义本身并不是知识理论,但我们仍然可以借助别的哲学分支的讨论来更好地理解和解决知识论内部的问题,毕竟哲学问题的复杂性和关联性决定了这类问题是很少能在一个领域内得到完满解决的。

其次,语境主义对怀疑论的解答是否太弱或无效呢?正如语境主义者所说,在标准较高的怀疑论语境,怀疑论者说我们缺乏知识是对的。这虽然从正面来看解释了怀疑论在直观上的说服力,但从反面来看也承认了怀疑论的结果。虽然语境主义者补充说,一旦回到了日常语境并继续运用较低的标准,我们对于自己拥有知识的断言又将是正确的。正如德罗斯(DeRose,1995,38)所说:"怀疑论者可以引入那些我们无法达到的高标准,但这一事实并不倾向于说明我们并不满足

---

① 关于敏感性理论,可以进一步参见本书第五章第五节。

那些在日常对话和争论中所用的更加宽松的标准。"在语境主义的反怀疑论故事中,有3个阶段。第一,在没有遇上怀疑论挑战前,我们按照宽松标准归赋日常知识是正确的。第二,在严肃思考怀疑论问题时,由于运用了很高的认知标准,我们必须承认怀疑论者否认我们拥有知识的断言是正确的。第三,在遗忘或离开怀疑论语境后,我们返回到日常语境中继续使用松散的标准,又重新获得了归赋知识的正确性。这个语境波动的过程同样也是知识标准先上升后下降的过程。语境主义者较好地解释知识标准的上升(standard ascent)机制,即:由于怀疑论情景作为一种错误可能性被引入对话情景,因此知识的标准变得很高,我们就无法知道怀疑论情景为假。但关键的困难是,知识的标准上升后又如何下降呢?[1] 因为按照语境主义反怀疑论故事概要来看,如果缺乏最后一步,语境主义是无法完成反怀疑论任务的。

此时,标准的下降(standard descent)成为一个语境主义的关键。[2] 但是,如何使得标准下降呢? 标准的下降又真的能

---

[1] 有一种只包涵认知上升的语境主义,相关的讨论可参见 Elgin(1988)、Craig(1990)和 Unger(1984;1986)。该理论并非是拒斥怀疑论,而是解释了为什么在遭遇怀疑论之前,我们看似拥有知识,但一旦进入怀疑论语境我们马上就会"投降"。由此可见,如果缺乏标准下降的机制,语境主义还是无法处理好怀疑论问题。读者此时也许会有这样的印象,即:我们对自己的知识反思越少,我们就好像知道的多一点。换句话说,我们对自己的反思越多,我们所拥有的知识就越少。该想法可参见 Engel(2004)。

[2] 对这一困难更早的讨论可参见 Pritchard(2001)。

使我们重新获得知识吗？对于前一个问题，德罗斯说的很少，这是等待语境主义者去回答的问题。让我们暂且预设，如果怀疑论可能性不再出现在对话中，或者对话者明确指出回到日常语境，我们就因此回到了日常语境。但此时标准下降后我们就重新获得知识了吗？我们不妨思考一个日常生活中的例子。

好学生选拔

复旦大学要鼓励本校好的本科生继续攻读研究生。小马是班级男生中 GPA 最高的，在全班 100 名学生中排第 9 名。在参与研究生招生考试前，男生们都以班级前 10 名为好学生的标准，于是都说小马是好学生。可惜的是，小马考试失败了，因为负责招生的老师对好学生的标准更高。在他那里只有班级前 5% 的学生才是好学生，所以，招生老师说小马不算好学生。

在上述例子中，小马刚开始算是好学生，到了招生考试阶段不算好学生，那么，考试过后回到班级里他就可以继续算好学生了吗？这里暗藏着的一个问题是，我们必须先回答到底应该运用哪个标准？标准有高有低，但应该使用哪一个标准是取决于我们的认知评价目的。招生老师选用较高标准的目的是为了选拔到"最好"的一些学生，而小马的同学选用较低标准的目的则是为了突出小马的优秀。在这个故事中,似乎两个标准并没有优劣之分,只有哪个标准更能满足实践目的之区别。

但是,在知识论讨论中,特别是在怀疑论语境下,情况会变得有所不同。在知识论的探究中,特别是涉及怀疑论问题时,哲学家关心的是拥有知识的可能性,即满足什么条件时认知者是拥有知识的。此时,我们不妨从第一人称的角度来反思语境波动带来的困惑。在面对怀疑论攻击之前,我可以根据日常标准说我知道。进入怀疑论情景,意识到自己的证据不足以排除怀疑论假设,于是,根据更好的标准我不能说我知道。最后回到了日常标准,我关于一个命题为真的证据并没有增减,但竟然又从不知道变成了知道,这难道不是一件不可思议的事吗?此时,难道我不会产生这样的想法,即:其实在日常标准下只是我以为我知道,但并非我知道;又或者只是在日常语境下说"我知道"是合理的,但并非是真的。哲学的反思有这样一种特质,即:尝试从更客观和更深层的角度,去看我们在日常生活中所熟悉和广泛接受的事物。毫无疑问,在日常生活中我们认为自己有知识,进入哲学领域(特别是知识论分支)时我们所关心的是,我们称为"知识"的东西真的算作知识吗?并且这里哲学家并非是创造出一个和我们日常称作"知识"所不同的知识,而是运用同一套认知准则和概念的同一种东西,这一点我们在讨论怀疑论本质的时候已经详细阐述过,这里不再重复。所以,当怀疑论挑战把我们强制带入知识论领域时,我们的首要任务就是回答怀疑论者的责问。他们以理智良心的姿态审问我们,我们真的有知识吗?还是只是经常不合规范地使用"知道"这个词语?怀疑论者的审问无疑是有说服力的,因此当我们理解怀疑论者所用的高标准,我们也同意我们并不拥有知识。这里的高标准也带有哲学追问的纯粹性,即:虽然我们关心的错误可能性很远且不可能实现,但从纯粹认知的角度来看是和知识的获得有关的。如果在较高标准的拷问下我们承认自己没有知识,何以我们能自欺欺人地认为只要换用较低的标准,就算不改变自身的认知状态和不满足怀疑论者所提出的要求,失去的知识就回来了呢?

有一句古诗写得很好,"曾经沧海难为水,除却巫山不是云"。[①] 这句话的原意如下:见识过沧海和巫山的壮美以后,别的同类景色都无法真正打动自己,这同时暗指作者对妻子的深爱让他无法再对别的女子动心。当我们离开日常语境知识评价的低标准,并且以高标准反思自身的认知实践后发现自身缺乏知识,这不正是理智领域的"沧海"和"巫山"吗?虽然那里看到的景色不美,因为那毕竟只是一副人类与无知相伴的令人沮丧的画面,但至少这也代表着人类对于自身认知处

---

① 该诗句取自《离思五首》其四,作者是元稹。

境的真实情况的理解。此时,这些目睹了疮痍画面的思想者回到日常标准中,意识到自己的认知状态并没有改变,他们又会如何甘心或者昧着良心继续承认自己有知识呢?当然在这种语境下继续说自己"知道"是可以被其他还未被怀疑论影响的认知活动参与者所接受的,但藏在这些曾经见过"沧海"和"巫山"的思想者心底的,还是那个人类无法企及但却言之有理的标准。令人不禁担忧的是,我们继续在日常语境中说"知道"的资格在哪里?这种担忧是语境主义反怀疑论方案所未能消除的。

语境主义者有一条可能的出路。在德罗斯的语境主义理论里有语境高低之分,并且怀疑论者秉承了高标准的使用,从而隐含地占据了辩论的制高点。是否语境主义者可以放弃语境从高到低的层次性,进而采取一种只宣称语境不同但并没有高低之分的语境主义呢?[①]初步看来,这样的修改会使得在怀疑论语境中的结论不再对日常语境中的知识归赋有一种直接的影响,从而避免上面提到的标准下降的困难。但这样是否因此会变成认知的相对主义呢?这里可以把相对主义理解为这样一个观点,即:一个信念是否是被辩护的或算作知识是依赖于语境的,并且不同的语境之间没有孰优孰劣,因为并没有跨语境比较的中立标准。即使我们在怀疑论语境中缺乏知

---

① 很明显这样的进路会与Williams(1991)的讨论有关。

识,但这毫不影响在日常语境中我们拥有知识。但是,这个结果意味着用相对主义的结果来避免怀疑论的结论吗?语境主义者又会接受这一局面吗?这些问题值得学界的进一步讨论。

小结

本章我们分析了语境主义对于怀疑论挑战的回应。语境主义者主张"知道"一词具有语境敏感性,因此赋予"知识"的语境会有不同的标准。当运用知识的高标准时,怀疑论的断言〈S缺乏知识〉是对的;当运用知识的低标准时,日常的断言〈S拥有知识〉是对的。关键在于面对怀疑论挑战,即使承认在怀疑论语境中怀疑论的断言是对的,并不妨碍在日常语境中我们的知识归赋也是正确的。认为怀疑论语境会侵蚀日常语境的知识归赋是忽视了"语境转变"的事实。

该方案的想法无疑具有启发性。在传统观念中,知识的标准是绝对的或固定的,不受归赋者的语境影响,并且建于该观念之上的闭合原则也并未受到质疑。也正是这种闭合原则促成了怀疑论挑战。语境主义者让我们意识到不加限制的闭合原则忽视了语境的变动,其合理性需要重新加以评估。值得注意的是,这与我们在第五章第四节和第五节会讨论的方案不太一样。第五章的方案明确反对闭合原则,而语境主义者并不拒斥同一语境下的闭合原则,只是反对跨语境的闭合原则。相信读者在阅读完第五章后,会对两者之间的具体差别有更深入的了解。

该方案的可行性受到了多方面的质疑,主要体现在"知识"一词是否真的具有语境敏感性,语境下降的具体机制是什么,以及不同语境之间有什么样的关系?当中尤为关键的是最后一个问题。如果语境有高低之分,给定知识论研究的反思和抽离姿态,为什么不采取较高的标准呢?如果语境没有高低之分,这种方案是否藏有相对主义的危险?这些问题构成了语境主义者需要进一步回答的问题。

第五章
外在主义反怀疑论

本章我们讨论知识论中外在主义对怀疑论的反驳进路。除了在心灵哲学领域和道德哲学领域以外,在当代知识论中也有外在主义与内在主义的区分。该区分可以大致概括如下:

外在主义
认知者的信念是否获得辩护可以受到外在于认知者的因素影响。

内在主义
认知者的信念是否获得辩护完全取决于内在于认知者的因素。

内在主义与外在主义的区分首先是一场有关认知辩护(epistemic justification)的争论。① 内在主义者的核心想法

---
① 但也有学者进一步把这个区分引入知识层面。

是，知识不仅要求信念为真，还要求我们以一种合理的、负责任的方式去持有信念。认知辩护是通过认知者履行认知义务获得的，而由于对义务的履行涉及认知者，就不能避开认知者的主观视角。基于上述思想，内在主义者试图把辩护的资源限定在认知者可通达的范围之内，即在其力所能及的范围内履行自己的认知义务。当然，这样的划分也意味着，既然那些我们无法仅靠反思通达的资源超出了我们所能管辖的范围，我们也就不必为这些事情负责。所以，一旦我们的认知失败是由于这些外在因素的干扰，我们不应该也不会受到批评。知识论的外在主义则主张，外在于认知者的因素也可以决定我们信念的辩护状态。对于外在主义者，他们更关注辩护的客观维度。因为认知辩护不同于其他辩护，它是服务于我们的认知目标的，即获得真信念和避免假信念。因此认知辩护必须能够有助于实现这个认知目标。

内在主义有许多版本，我们可以参考下面3种比较突出的版本来理解。首先是通达主义（accessibilism）。

通达主义

所有S仅靠反省可获得的东西构成了S信念的辩护来源。[1]

---

[1] 该理论的主要支持者可参见 BonJour（1985）、Chisholm（1988）和 Steup（1999）。

通达主义的主要思想是,使得我们信念获得辩护的因素一定要是我们可以仅靠反思就可以获取的。于是,辩护的资源就是在我们可掌握的范围之内,我们也可以在力所能及的范围内履行自己的认知义务。这里的反思包括内省(introspection)、先天推理(a priori reasoning)以及对以这两种方式获得的信息的回忆。所以,支持通达主义的知识理论算是内在主义的。其次是心灵主义(mentalism)。

心灵主义

S的心灵状态(mental state)构成了S信念的辩护来源。①

根据心灵主义来看,辩护状态完全是由当下或潜在的心灵因素所决定的。由于内在的心灵状态构成了一个人信念的辩护来源,那么,一旦两者拥有同样的心灵状态,两个人的信念辩护状态也就是相同的。由于信念的辩护地位并不受到外部因素的影响,支持心灵主义的知识理论就是内在主义的。对比通达主义和心灵主义两个理论,如果一个理论进一步认为可直接通达的东西肯定是我们的心灵状态,或者任何心灵

---

① 该理论的主要支持者可参见 Conne,Feldman(2001)。

状态都是可直接通达的,那么,两个理论实际上是等同的。第三个理论是新恶魔论题(the new evil demon thesis)。

新恶魔论题

认知者 S 的辩护地位和她在怀疑论情景的对应体 S* 是一样的。

新恶魔难题是与传统的恶魔难题相对应的。传统的恶魔难题来自笛卡尔。笛卡尔试图为知识找到一个不可怀疑的基础,但特别让他担心的是感觉经验作为揭示外部世界真实情况的证据的可靠性。笛卡尔指出,如果我们被一个拥有超能力的恶魔控制,他就会灌输给我们各种各样的视觉经验,并且这些经验和正常的经验并没有现象特征意义上的差别,因此我们无法区分两者。但可悲的是,这些感觉经验与外部事实是无关的,那么,我们基于感觉经验去推断外部世界的真实情况时,不就会陷入普遍的错误信念吗?按照笛卡尔的想法,我们必须首先知道我们没有被这个恶魔所欺骗,才能知道任何有关外部世界的情况。总结来看,传统的恶魔论题谈论的是我们要获得外部世界知识必须先满足的一个必要条件。

新恶魔论题则有所不同。试想 S 处在正常的情景中,而 S 的复制品兄弟 S* 处在笛卡尔的恶魔情景中。S* 与 S 有一样的心灵状态,即不可分辨的感觉经验、相同的证据与记忆。

并且和 S 一样,S* 依赖好的推理方式去形成信念,她不会无视反面的证据,而且会基于充分的证据才去相信一个命题为真。因此有一种强烈的直觉认为,S 形成的信念和 S* 一样是受到辩护的。为了更好地看到 S* 的信念的辩护属性,我们可以进一步比较 Q* 这个处于恶魔情景中的认知主体。该主体与 S* 不同,她形成信念时运用的是错误的推理方式。比如,她面对条件句会从肯定后件得到肯定前件,她即使面临相反的证据也会置之不理,而面临她喜欢的结论时她可以毫无证据也去相信。毫无疑问,虽然都处于怀疑论情景之中,S* 却比 Q* 体现出更多认知方面的积极品质,这也是为什么内在主义者倾向于说 S* 的信念是获得辩护的,而 Q* 的信念是缺乏辩护的、是应该遭受理性的责备的。由于 S 和 S* 的差别仅仅在于外部的环境,前者是处在正常的环境(因此可以获得知识),而后者处于怀疑论情景(因此不可能获得知识),但两者的内在资源一样,所以,支持新恶魔论题的知识理论也因此被看作是内在主义式的。

外在主义可以被看作是对上面内在主义论题的拒绝。如果拒斥通达主义,那么,外在主义就等同于说,辩护的因素并不需要被认知者通达或意识到。因此即使一个认知者实际上或潜在地没有意识到那些使她的信念成为被辩护的因素,她的信念的辩护地位并不会因此受到影响。如果拒斥心灵主义,那么,外在主义就等同于说,辩护的因素可以依赖于心灵以外的因素,如信念形成的因果过程等。如果拒斥新恶魔论题,那么,外在主义就等同于说,两个内在状态完全一样的主体,她们的信念的辩护状态可以是有差别的。由此可见,刻画内在主义和外在主义的方式可以是多种多样的。但有一点是共同的,即:外在主义一定要拒绝内在主义的关键论题。

就当下的知识理论来看,外在主义理论主要包括可靠主义、德性可靠论(virtue reliabilism)、追踪理论(tracking)和合适功能(proper-function)理论。可靠主义者认为,当一个信念是通过可靠的方式形成的,该信念就是被辩护的。[①] 德性可靠论认为,通过行使构成认知者认知品格的可靠的认知官能所获得的信念,是获得辩护的。[②] 追踪理论认为,如果一个信念能追踪真理,该信念就是被辩护的。[③] 合适功能主义认为,如果一个信念是通过认知官能的合适的使用所形成的,该信念就是被辩护的。[④] 下面让我们以过程可靠主义为例,进一步展开分析。

第一节　过程可靠主义

过程可靠主义(process reliabilism)是一个典型的外在主

---

① 比如 Alston(1985)和 Goldman(1986)。
② 比如 Sosa(1991)和 Greco(1999;2000)。
③ 比如 Dretske(1971)和 Nozick(1981)。
④ 比如 Plantinga(1993)和 Bergmann(2004;2006)。

义理论。埃尔文·戈尔德曼(Alvin Goldman)是过程可靠主义的代表人物。该理论的核心思想可以概括如下:

过程可靠主义

如果 S 通过可靠的信念形成方式在时刻 t 相信 P,那么,S 在时刻 t 的信念 P 是被辩护的。

(Goldman, 2012, 40)

虽然这个定义较为粗略,并且戈尔德曼又在此定义的基础上不断地细化和补充,但以该定义作为起点对当下讨论来说已经足够了。① 在进一步阐释过程可靠主义之前,我们应该了解一下戈尔德曼对于一个好的辩护观的要求。在戈尔德曼看来,辩护理论在说明信念获得辩护属性应满足的条件时应该避免使用辩护这个概念,或者是与其密切相关的其他概念,如合理性。这个要求可以使得对于辩护的说明既避免循环,也能提供更多的理论启发。按照这个要求,对于辩护的定义就得诉诸非认知(non-epistemic)的属性和状态,如认知者的

---

① 戈尔德曼的最终表述是:"如果 S 在时刻 t 对信念 P 来自一个可靠的认知过程,并且没有另外的可靠的或有条件的可靠的认知过程可供 S 采用,除了实际采用的过程外,一旦 S 采用了这一另外的可靠的认知过程,这一过程将导致 S 不相信 P,那么,S 在时刻 t 对信念 P 就是得到辩护的。"(Goldman, 2012, 46) 这里戈尔德曼区分了实际采用的信念形成方式与应该采用的信念形成方式,这么做是为了囊括进挫败者的现象。

信念状态和真。①

戈尔德曼考虑一个信念总是以某种方式产生的,因此信念的辩护属性一定是依赖于该信念如何产生或保持的。比如,S 相信中国在北半球以及 S 相信浓缩铀的临界质量不超过 10 千克,但 S 的前一个信念是基于中学地理课本的介绍,而 S 的后一个信念是基于塔罗牌占卜。此时,我们会倾向于认为 S 的前一个信念是被辩护的,而后一个信念则不是。其中的主要原因是不同的信念形成过程有不同的可靠程度,而可靠程度体现为通过该方式形成信念的成真比率(truth-ratio)。一个信念形成方式是从输入端到输出端的过程类型,其中输出端都是信念,但输入端可以进一步以是否依赖于信念为标准进行区分。如果输入端是依赖信念的(如推理和记忆),那么,这类过程的可靠性是有条件的,即:只有输入端为真,输出端才更可能为真。

当一个信念形成方式的成真比率较高,它就是一个可靠的信念形成方式,而通过该方式形成的信念就是被辩护的。反之,

---

① Goldman(2012,30)列举了他认为的认知词项和非认知词项。前者包括"辩护的"(justified)、"担保的"(warranted)、"有好的根基"、"有理由"、"知道"、"看到"(see that)、"理解"(apprehend)、在认知或归纳的意义上"是可能的"(probable)、"证明了"(show that)和"确信了"(ascertain that)。后者包括"相信"(believe that)、"是真的"、"引起"(cause)、在频率或倾向的意义上"是可能的",等等。他的一般性的规则是,纯粹信念的(doxastic)、形而上学的、模态的、语义的或语法的词项都不是认知的词项。

如果一个信念形成方式的成真比率较低,它就是一个不可靠的信念形成方式,而通过该方式形成的信念就是缺乏辩护的。那么,具体需要多高的成真比率才能算可靠的呢?这个问题难以直接回答,也不必清晰回答,因为这恰恰是随着语境变动的,就像辩护概念本身一样。一般来说,戈尔德曼认为可靠的信念形成方式包括知觉过程、记忆、好的推理与内省,而不可靠的信念形成方式包括混乱的推理、幻想、情感代入与预感。可见这里对于信念形成方式的划分是较为宽泛和基于常识的。

此外,戈尔德曼把自己的可靠主义看作是历史的(historical)理论,因为该理论关注的是信念生成的历史,而非信念者当下的心灵状态等内在因素。所以,辩护的性质是依赖于个人的历史认知过程的。在此意义上,戈尔德曼将自己的理论称之为历时的(diachronic)基础主义,以此与笛卡尔式的共时的(synchronic)基础主义相区分。

第二节 过程可靠主义与怀疑论

我们已经大致了解了过程可靠主义的主要思想,那么,该理论能否对怀疑论攻击提出有效回应呢?让我们重新回顾一下基于闭合原则的怀疑论论证。

基于闭合原则的怀疑论论证

(CK_1) S 不能知道 −SH。

(CK_2) 如果 S 知道 E,并且 S 知道 E 蕴涵 –SH,那么,S 就可以知道 –SH。

(CK_3) 因此 S 不知道 E。

该论证中的(CK_2)暗藏这样一个要求,即:我们需要为自己的日常信念提供一个理由或证据,或者我更愿意称之为理性的基础(rational ground)。如果以笛卡尔的口吻去转写这个要求,(CK_2)可以被写为:除非我知道我没有被恶魔欺骗,我才能知道我拥有一双手。[①] 该要求的实质是说,日常知识需要一个理性的基础,而该理性基础在怀疑论讨论中具体展现为对怀疑论情景的排除。如果不能满足这个认知要求,我们就可以说认知者 S 的日常信念是缺乏辩护的。可以发现,这个要求完全是内在主义式的。内在主义者在理解认知辩护时恰恰强调,认知者的信念需要以一种负责任的方式形成,负责任的方式有多种多样,可以展现为对所持信念拥有理性的基础,也可以展现为履行了自己相应的认知义务。

但是,这样的思考方式是外在主义者所拒绝的。正如过程可靠主义所说,一个信念 P 是被辩护的,只要求该信念是以一种可靠的方式产生。因此只要我们的认知官能是可靠的,

---

① 也可以这样写:如果我不知道我没有被恶魔欺骗,那么,我不知道我拥有一双手。

那么，通过简单和自发地运用我们的认知官能，我们所获得的很多信念就是拥有辩护的。因此这些信念所拥有的辩护属性并不会因为认知者无法排除怀疑论可能性而被剥夺。换句话说，外在主义者从另外一个途径为认知者的日常信念赋予了辩护属性。于是，摆在我们面前的局面就很清楚了，怀疑论者认为我们的日常信念缺乏内在主义意义上的辩护，因此原则上无法成为知识。但外在主义者说，只要我们的日常信念是通过可靠的信念形成方式形成，就可以获得外在主义意义上的辩护，因此仍然有可能成为知识。[①] 总结来说，虽然我们缺乏内在主义标准下的知识，但我们可以拥有外在主义标准下的知识，从总体来看，知识本身仍然是可能的。

基于过程可靠主义的反怀疑论方案相当简洁明了，并且该方案从根源上扫除了滋生怀疑论的因素，即对知识的内在主义式理解。但是，这种反怀疑论方案的"成功"是否太容易了？这不禁让人怀疑，是否在哪个关键部分该方案出错了呢？带着这些问题，我们进入下一节的讨论。

---

① 我们可以这样构造过程可靠主义的知识观，即：S知道P当且仅当S的真信念P是以可靠的方式形成的。当然过程可靠主义者会增加对于挫败者（defeater）的条件，以避免对上述知识定义的攻击。可参见 Lyons(2009) 和 Beddor(2015)。这里的要点是，无论过程可靠主义如何定义知识，至少知识被重新赋予了可能性，而并非像怀疑论者所说是不可能的，因此这算是对怀疑论的一个直接回应。

第三节 过程可靠主义反怀疑论方案的困难

撇开过程可靠主义所面临的其他困难,我们仅关注该理论对怀疑论的回应存在的问题。①

我们有理由认为过程可靠主义并没有准确地刻画怀疑论攻击。正如本书前两章所述,彻底怀疑论攻击的是知识的可

---

① 过程可靠主义的代表性难题有3个。

一是新恶魔论题。试想S处在正常的情景中,而S的复制品S*处在笛卡尔的恶魔情景中。S*跟S有一样的精神状态,即不可分辨的感觉经验、相同的证据与记忆。并且和S一样,S*依赖好的推理方式去形成信念,她不会无视反面的证据,而且会基于充分的证据才去相信一个命题为真。因此有一种强烈的直觉认为,S*和S一样,形成的信念是受到辩护的。但是,根据可靠主义,因为S*的信念是在恶魔世界中形成的,因此按该情景的规定,S*的信念大部分是错的,也就是说不是以可靠的方式形成的,因此就不是被辩护的。我们可以进一步比较Q*这个处于恶魔情景中的认知主体。该主体与S*不同,她形成信念时运用的是错误的推理方式,外在主义所面临的挑战是,该理论既不能说明S和S*所共有的一些积极的知识论的性质,又不能说明S*和Q*在认知上的表现的差异,因此即使外在主义不是错的,但也是不可行的。这一批评在于表明可靠性对于辩护来说是不必要的。

二是反思层面不融贯的反例,如诺曼千里眼案例与真实温度计先生。在这类案例中,主体拥有基于奇特能力形成的可靠的信念,却并不知道自己有这种能力,甚至对此能力的可靠性也一无所知。这一批评指出可靠性对于辩护来说是不充分的。

三是普遍性问题。信念是一个信念形成过程的例子(token),即在问题当下发生的具体的信念形成过程。但该例子可能从属于很多不同的信念形成类型(type)。每个不同的类拥有属于自己的可靠性,我们究竟应该按照哪个类来指派具体例子的可靠性呢?如果这个类范围太小,可能只有一个例子,而范围太大,又会导致可靠性下降,那么,可靠主义者是否有一种非特设性的回答该问题的方式呢?

能性问题,而怀疑论挑战是依赖于闭合原则和非充分决定原则的。这两个原则都明确谈论的是日常信念所依赖的理性基础。在基于闭合原则的怀疑论论证中,我们的日常信念的理性基础无法排除怀疑论假设;而在基于非充分决定原则的怀疑论论证中,我们的理性基础(证据)不足以支持日常命题超过怀疑论假设。也就是说,正是理性基础的缺乏和薄弱使得我们的日常信念无论真假与否,都无法成为知识,因此这成为当代知识论的一个困境。

外在主义者为信念的辩护属性找到新的来源,并声称一个信念如果是通过可靠的方式形成的,该信念就是被辩护的,而认知者并不需要意识到该过程是否可靠。根据外在主义的框架来看,怀疑论者和内在主义者都把知识的范围限定得太窄了。知识并非只包括那些我们有充分理由相信的真命题,还应该包括通过可靠过程形成的真信念。当怀疑论者基于信念的理性基础出发攻击知识的可能性时,并没有触及另外一类不依赖于理性基础的知识。这个回应看似是带有"诊断"效果的,因为它指出了怀疑论攻击的错误前提,即一个过于狭窄的有关知识范围的预设。因此一旦我们对知识的范围采取更加包容和开放的态度,怀疑论攻击就自动消散了。

但是,这个"诊断"有一个关键的缺陷。可靠主义者其实承认了怀疑论结论,即我们缺乏有着理性基础的知识。因此如果还有任何知识的话,那也只是缺乏理性基础的、只能依赖于可靠的信念形成方式获得的真信念。但我们不可忽略，这种知识的独特性和价值是大打折扣的。因为如果我们仅仅关注的是信念的准确性以及可靠的信念形成方式，我们的知识其实是被动物和小孩所共享的，因为后者也能通过可靠的感官在合适的环境中获取准确的信息。这意味着我们曾经赋予知识的反思视角以及认知责任等积极性质都是无法保留的。在我们面对怀疑论攻击前，我们从常识出发，认为自己的许多信念拥有好的理性根据。比如，一个侦探经过细致严密的探究可以基于充分的证据知道罪犯的身份，而一个化学家可以经过严谨周密的实验有理性基础地知道某物的化学成分。但如果按照可靠主义者的回答来看，这些想法都是虚幻的，因为我们并没有任何有理性基础的知识。这难道不是一个很令人担忧的局面吗？难道仅仅发现我们可以和动物一样获得粗糙的知识就足够令人欣慰了吗？这种担忧的来源在于，怀疑论者所攻击的知识正是我们赋予独特价值的有理性基础的知识，而不是外在主义者所刻画的知识。当然，我们可以欣然接受更广的知识范围，毕竟只允许一种高度理智主义化的知识是有害的，但这并不意味着我们就要因此放弃原有的知识类型。当可靠主义者告诉我们（动物）知识是可能的时候，他们同时默认了（具有理性基础的）知识是不可能的。所以，与其说可靠主义者完成了反怀疑论工作，不如说他们只是保住了反怀疑论工作的最后颜面——如果失败了，我们还有动物知识。但如果哲学家还想追求具有理性基础的知识,那么,反怀疑论工作还并未开始,因为外在主义者完全错过了怀疑论的要点。在最近的文献中学者重新刻画了怀疑论的论证形式,以突出对于有理性基础的知识的关注。① 根据他们的描述,两种形式的怀疑论论证可以被重新表述。

基于理性知识闭合原则的怀疑论论证

(CRK_1) S 不能有理性基础地知道 – SH。

(CRK_2) 如果 S 拥有具有理性基础的知识 E,S 可以力所能及地从 E 演绎出 – SH,并且 S 以此为基础相信 – SH 且保留了有理性基础的知识 E,那么,S 可以有理性基础地知道 – SH。

(CRK_3) 因此 S 不能有理性基础地知道 E。

(Pritchard, 2015, 22)

基于理性知识闭合原则的怀疑论论证所依赖的不再是闭合原则,而是理性知识闭合原则。我们将之表述如下:

理性知识闭合原则

(CRK) 如果 S 拥有具有理性基础的知识 P,S 可以

---

① 参见 Pritchard(2015)。

力所能及地从 E 演绎出 Q,并且 S 以此为基础相信 Q 且保留了有理性基础的知识 P,那么,S 可以有理性基础地知道 Q。

(Pritchard,2015,23)

另外一个怀疑论论证可以重新表述如下:

基于理性知识非充分决定原则的怀疑论论证

(UR_1)如果 S 的理性支持并不支持 P 超过 Q,并且 S 知道两者的不相容,那么,S 缺乏具有理性支持的知识 P。

(UR_2)S 的理性支持并不支持 P 超过 Q,并且 S 知道两者的不相容。

(UR_3)因此 S 缺乏具有理性支持的知识 P。

(Pritchard,2015,30)

从上面两种怀疑论的论证形式来看,怀疑论攻击的目标明确是具有理性基础的知识,而非一般意义上的知识本身。这两个论证其实是更好地突出了第二章的两个怀疑论论证攻击的实质,因此这也使得我们可以更好地把握怀疑论的精神,而不会轻易地误解了怀疑论的攻击。所以,即使可靠主义者指出我们有知识,那也只是缺乏理性基础的知识,并没有很好地解决怀疑论危机。

总结来看,可靠主义对怀疑论的回应并不令人满意。虽然可靠主义从新的路径拓宽了知识的范围,但却变相承认了怀疑论的结论。所以,如果内在主义的知识理论能够对怀疑论挑战提出更好的回应,我们就有理由更加偏向内在主义的反怀疑论方案,毕竟具有理性基础的知识是我们追求的,并且它具有独特价值的知识。

第四节 拒绝闭合原则:德雷斯基方案

除了可靠主义,拒斥闭合原则也是外在主义者的一个反怀疑论策略,而弗雷德·德雷斯基(Fred Dretske)和罗伯特·诺奇克(Robert Nozick)就是这一策略的支持者。这一节我们先来看德雷斯基的方案。让我们先来回想基于闭合原则的怀疑论论证。

基于闭合原则的怀疑论论证

(CK_1) S 不能知道 $-SH$。

(CK_2) 如果 S 知道 E,并且 S 知道 E 蕴涵 $-SH$,那么,S 就可以知道 $-SH$。

(CK_3) 因此 S 不知道 E。

在该论证中,(CK_2)起到关键性的桥接作用,而(CK_2)的合理性进一步依赖于闭合原则。

闭合原则

(CK) 对于所有的 S, P, Q, 如果 S 知道 P, 并且 S 可以力所能及地从 P 演绎出 Q, 那么, S 就可以知道 Q。

如果我们接受闭合原则, 那么, 在承认我们无法排除怀疑论假设的情况下, 我们的日常知识就会受到攻击。因此如果有理由拒绝闭合原则, 基于闭合原则的怀疑论论证就将失效。可是我们已经看到, 闭合原则是一个高度合理的原则, 那么, 有什么理由拒绝该原则呢? 我们以斑马案例为切入点来了解德雷斯基的方案。

斑马案例

假设你带儿子去动物园游玩, 看到几匹斑马, 然后你儿子问你这是什么动物, 你就告诉他这是斑马。那么, 你是否知道这是斑马呢? 当然, 我们大部分人都会说你知道。因为我们大部分人都知道斑马长什么样子, 并且这是在城市动物园里, 而且还有动物信息告示牌写着"斑马"。但是, 如果一个动物是斑马就蕴涵这个动物不是驴, 特别地, 这个动物不是被巧妙化妆过的驴。但是, 你是否知道这个动物不是被巧妙化妆过的驴呢?

(Dretske，1971，1015—1016)

德雷斯基认为,由于斑马和被巧妙化妆过的驴极其相似,我们常人没有任何知觉证据可以排除面前的动物是被巧妙化妆过的驴这个可能性,所以,我们并不知道该命题。当然,我们可以设想自己做了进一步的检查,比如,看看动物身上是否有未干的油漆。但就仅限于当下的视觉证据来看,我们的确无法排除眼前的动物是被巧妙化妆过的驴这个可能性。但是,如果在故事中我们的确知道面前的动物是斑马,并且该动物是斑马蕴涵这个动物不是驴,闭合原则就在这里失效了。读者也许会想,为什么不保留闭合原则,转而承认我们并不知道这个动物是斑马呢?这是因为,上述的案例是我们在生活场景中典型的拥有视觉知识的案例。在该案例中,认知者见过斑马并且有良好的辨识能力,而且他是在动物园这个正常的环境下识别出斑马。如果在这么好的环境中我们都无法获得知识,我们是否还拥有知觉知识就成为一个相当急迫的问题了。为了展示问题的急迫性,我们可以仿造斑马案例继续构造德雷斯基式的情景。

蛋糕案例

你记得你的朋友几分钟前给你送来一个生日蛋糕,放在了桌子上,但你由于忙于开会没来得及吃。但是,你知道这个蛋糕没有被别人拿走吃掉吗?

拍戏案例

你在深圳玫瑰小镇观看《新喜剧之王》剧组拍摄,你很熟悉王宝强的长相,并且在不远处看到了王宝强在拍打戏。但是,你知道那个人不是王宝强的替身吗?

如果在蛋糕案例中我知道蛋糕在桌子上,并且蛋糕在桌子上蕴涵蛋糕没有被别人拿走,我就应该可以知道蛋糕没有被别人拿走吃掉。我如果对此并不知晓,闭合原则就失效了。同样,如果在拍戏案例中,我知道是王宝强在拍打戏,并且王宝强在拍打戏蕴涵那个人不是王宝强的替身,我应该就可以知道那个人不是王宝强的替身。但我还是对此并不知道,闭合原则仍然失效。虽然这样的例子可以构造很多,但仅仅构造反例并不能直接使得闭合原则失效。因此德雷斯基进一步解释了为什么闭合原则是有问题的。

上面讨论的闭合原则主要涉及知识,因此知识的闭合原则的核心就是指知识这个状态是封闭在蕴涵关系之中的。由于"知道"是主体和命题之间的一种命题态度,德雷斯基是这样定义封闭的:

一个命题态度 O 是在蕴涵中封闭的,当且仅当如果

P 蕴涵 Q,那么,O(P)蕴涵 O(Q)。

(Dretske,1971,1007)

根据这个定义,我们就可以测试一些常见的命题态度。德雷斯基指出,命题算子是在从句之前的联结符,而命题算子有3类:一类是渗透型(penetrating),一类是半渗透型,还有一类是非渗透型。

渗透型的命题算子是完全封闭的,如"真"、"必然"和"可能"。比如,如果 P 为真,并且 P 蕴涵 Q,那么,Q 为真;如果 P 是可能的,并且 P 蕴涵 Q,那么,Q 是可能的。

非渗透型的命题算子无法渗透一个命题的某些最基本的逻辑后承,如"是奇怪的"、"是错误的"和"是幸运的"。[①] 比如,〈冬天她上课穿了裙子〉是奇怪的,而〈冬天她上课穿了裙子〉蕴涵〈她穿了衣服上课〉,但〈她穿了衣服上课〉是奇怪的吗?〈我对她说了谎话〉是错误的,而〈我对她说了谎话〉蕴涵〈我能说话〉,但〈我能说话〉是错误的吗?〈我买的彩票中奖了〉是幸运的,而〈我买的彩票中奖了〉蕴涵〈我会花钱买东西〉,但〈我会花钱买东西〉是幸运的吗?

半渗透型的命题算子则是介于渗透型和非渗透型两个极

---

① 这里所用的"非"并不指该算子完全不能渗透,只是在比较粗略的意义上说的。德雷斯基提醒,在他考虑的一些算子范围中"非渗透型"只是渗透程度较弱的。

端之中,如"相信"、"知道"和"后悔"。比如,我后悔〈生气时我打了别人一巴掌〉,而〈生气时我打了别人一巴掌〉蕴涵〈我有一只手〉,但我后悔〈我有一只手〉吗?或者我相信某个数学系统中的公理,而公理蕴涵定理,但我就相信该定理吗?特别是当整个证明过程极其复杂、超出我的理解能力之外的时候,我还会相信?德雷斯基认为,"知道"就是半渗透型命题算子,因此关于知识的闭合原则是错误的。在此基础上,德雷斯基进一步提出了知识的相关替代项理论(the relevant alternatives account of knowledge)。

相关替代项理论

> 知识是一种所有相关的替代项都被排除了的证据状态。
>
> (Dretske, 2000, 52)

根据这个理论,P 的替代项就是与 P 不相容的命题,虽然知道 P 不要求排除所有与 P 不相容的命题,但要求排除所有相关的替代项。对于如何理解相关,德雷斯基未做太多说明,但有两点相关的评论。首先,相关的替代项是要有客观概率的可能性。其次,相关的替代项是谈话语境中谈话者认为是可能出现的情况。①

从德雷斯基的知识的相关替代项理论出发,我们就会发现基于闭合原则的怀疑论论证是错的,因为闭合原则本身是有问题的。按照怀疑论论证,我们要知道一个日常命题P,我们应该排除怀疑论情景。但这种情景由于是很遥远的,因此缺乏客观概率的可能性,该情景不是相关替代项。根据知识的相关替代项理论,认知者并不需要首先排除该替代项才能知道一个日常命题。德雷斯基认为,怀疑论的错误在于把对照组(contrasting set)和相关组(relevancy set)等同。当S知道P时,所有与P不相容的命题构成的集合就是P的对照组。相关组则是当S知道P时,S必须基于证据去排除的可能性的集合。可以发现,相关组总是对照组的一个真子集,因为对照组不仅包含相关组,还包含不相关的替代项构成的组合。此外,随着情况的变化,所知命题P的相关组也会发生变化。在德雷斯基看来,怀疑论者的错误就是总把对照组和相关组看作同一个集合,即:要求我们总要排除所有错误可能性从而知道P。因此如果选择德雷斯基的相关替代项理论,引发怀疑论的错误前提就可以被排除。

总结来看,德雷斯基通过分析"知道"这个命题算子的渗透性以及提出知识的相关替代项理论,为拒绝闭合原则提出了

---

① 参见 Dretske(2000,62—63)。

一些正面的理由。如果他的方案成功了,基于闭合原则的怀疑论论证就会面临较大的困难。在分析该方案面临的困难之前,我们继续把诺奇克的方案梳理一遍,然后进行整体评论。

第五节 拒绝闭合原则:诺奇克方案

我们来看诺奇克的方案。诺奇克提出一个知识的理论,该理论将知识定义如下:

S 知道 P 当且仅当
(i) P 为真。
(ii) S 相信 P。
(iii) 如果 P 为假,S 就不相信 P。[1]
(iv) 如果 P 为真,S 就相信 P。[2]

(Nozick,1981,172—178)

这里的条件(iii)和(iv)都是虚拟条件句。条件(i)已经表明 P 在现实世界为真,因此(iii)和(iv)都是在可能世界的范围中来讨论的。在众多可能世界中,我们可以按照可能世界与现实世界的相似度来排序。如果一个可能世界与现实世界相

---

[1] 原文的表述是"If P weren't true, S wouldn't believe that P."。
[2] 原文的表述是"If P were true, he would believe it."。

差越小,该可能世界就离现实世界越接近,而可能世界与现实世界的距离远近是由需要做出的改变大小来决定的。刘易斯给出一些评判可能世界远近的一般性规则。

(1) 最重要的是避免对定律的重大的、广泛的和多种多样的违反。
(2) 我们要使得事实相匹配的时空区域最大化。
(3) 避免对定律的较小的、局部的或简单的违反。
(4) 对于我们较关心的某个事实,是否确保与这个事实的相似并没有太大影响。

(Lewis,1979b,47—48)

在刘易斯看来定律是简单且强力的一般性真理:它是简单的,因为它容易理解;而它是强力的,因为其解释力强。在条件(iii)中,我们考察的是当 P 为假的可能世界,S 是否会不相信 P;而在条件(iv)中,我们考察的是当 P 继续为真的可能世界,S 是否会继续相信 P。如果认知主体此时的信念不仅在现实世界与事实相匹配,而且在可能世界中虚拟地与事实相连,这种特别的性质被诺奇克称为追踪(tracking),即信念追踪事实 P。[①] 而在当代反运气知识论的讨论语境中,这个特性

---

① 参见 Nozick(1981,178)。

也被称作信念的敏感性(sensitivity)条件,即信念应该对事实敏感。敏感性条件可以被表述如下:

知识的敏感性条件

S知道P要求S的真信念是敏感的,即:如果P不再为真,S就不相信P。

敏感性条件大致的运用思路是这样的:我们考虑与现实世界最近的P为假的一个或一些可能世界,但别的方面尽可能与现实世界一样,然后看认知者是否还会相信P。① 如果S仍然相信P,S的信念就是不敏感的;如果S不再相信P,S的信念就是敏感的。② 诺奇克的知识定义能处理一些标准的葛梯尔案例,但也会面临类似下列案例的挑战。

外婆案例(the grandmother case)

外孙每次来外婆家玩耍,外婆只要看到外孙活蹦乱

---

① 参见 Nozick(1981,199)。
② 这里需要注意一个复杂情况。之所以诺奇克要限定最近的一个或一些可能世界,主要是因为在很远的P不为真的可能世界中S是否相信P是不相关的。条件(iii)说的是,如果P为假,那么,S不相信P。但这个要求不能理解为,只要P为假,S就不相信P。这种解读理解为蕴涵式,即:在任何一个P为假的可能世界中,S都不相信P。但虚拟条件句并不等同于蕴涵,因此即使在某些P为假的可能世界中S相信P也不会影响条件(iii)为真。

跳且能吃能睡,就知道外孙身体好。但是,假设外孙不幸生了重病或者夭折,别的人也会告诉外婆说外孙仍然好好的,以免她担心。

(Nozick,1981,179)

在该案例中,我们倾向于承认外婆知道外孙身体好。但是,如果运用诺奇克的理论来分析,结果却是外婆缺乏该知识,因为条件(iii)不满足。在现实世界中,外孙身体好是一个事实,外婆也相信外孙身体好。而在相邻的可能世界中,比如,外孙得了重感冒,但家人为了不让外婆担心,也会告诉外婆说外孙身体无恙。此时,外婆就会基于家人的话继续相信外孙身体好,而无法"追踪"事实。所以,由于外婆的信念不满足诺奇克知识定义中的条件(iii),外婆不知道外孙身体不好。为了避免这个错误的理论解释结果,诺奇克对自己的知识理论进行了修补。他意识到信念形成总有一些方法与方式,因此必须明确在现实世界中认知者信念形成所用的方法与方式,并且将此方法纳入信念的敏感性评估中。诺奇克修改后的定义如下:

S 知道 P 当且仅当

(I) P 是真的。

(II) S 通过一种方式 M 形成信念 P。

(III) 如果 P 不为真,并且 S 使用 M 这种方式去形成有关 P 的信念,那么,S 不会通过 M 相信 P。

(IV) 如果 P 是真的,并且 S 使用 M 这种方式去形成有关 P 的信念,那么,S 会通过 M 相信 P。

(Nozick,1981,179)

新的知识定义可以很好地处理外婆案例。考虑在现实世界中,外婆形成信念〈外孙身体好〉的方式 M 是自己亲自观察外孙的表现,但在外孙生病了的可能世界中,〈外孙身体好〉不再为真,外婆却是基于亲戚的证言来形成信念。由于在可能世界中,外婆用了另外一种信念形成方式 M*,所以,即使她基于 M* 的时候并没有"追踪"事实,但这并不影响她是否在现实世界拥有知识,因为我们考察外婆信念敏感性时必须固定信念形成方式。我们可以这么想,假设在外孙生病了的可能世界,外婆仍然坚持用方法 M(自己亲自观察外孙的表现)去判断外孙的身体状态,她难道还会继续相信〈外孙身体好〉吗?显而易见她不会。于是,(III)和(IV)两个条件都满足了。所以,外婆对于外孙身体好这件事是拥有知识的。总结来说,一旦我们在考察信念敏感性的时候,固定了现实世界的信念形成方式,就可以避免外婆案例。

那么,诺奇克如何基于自己的知识定义来处理怀疑论问题呢?在他看来,他的目标并不是要证明怀疑论是错的,而只是要解释知识何以可能。前一个任务要求给出哲学论证并指出怀疑论结论是错的,而后者则是引入一些怀疑论者可能会拒绝但我们认为是合理和可接受的假设,并且借助这些假设来解释知识的存在和怀疑论的前提(怀疑论情景是逻辑可能的)为何是可以相容的。①

现在结合基于闭合原则的怀疑论论证,来展示诺奇克的回应思路。

基于闭合原则的怀疑论论证

(CK_1) S 不能知道 $-SH$。

(CK_2) 如果 S 知道 E,并且 S 知道 E 蕴涵 $-SH$,那么,S 就可以知道 $-SH$。

(CK_3) 因此 S 不知道 E。

在该论证中,(CK_1)说的是认知者不能知道怀疑论情景是错误的。比如,自己不是"缸中之脑",自己没有在做梦或者自己没有被恶魔欺骗。这一点恰恰可以得到来自敏感性理论的支持。试想如果 S 要知道 $-SH$(怀疑论情景为假),那么,必须要满足 4 个条件:①怀疑论情景为假;②S 相信怀疑论情景为假;③如果怀疑论情景为真,那么,S 不相信怀疑论情景

---

① 参见 Nozick(1981,197)。

为假;④如果怀疑论情景为假,那么,S相信怀疑论情景为假。这其中最关键的是条件③。我们在讨论怀疑论情景时已经指出,怀疑论情景有这样一个特性,即:如果一个人处于怀疑论情景中,他会拥有与真实场景中主观上不可区分的经验,从而导致他无法根据感觉经验来判断自己到底处于哪个场景。也就是说,即使在现实世界中怀疑论情景并未实现,我们也相信自己不是怀疑论情景中的受害者,但如果怀疑论假设真地实现,因为我们的感觉经验从内在角度来说并没有什么差异,我们仍然会继续相信自己不是怀疑论情景中的受害者。我们不可能有任何途径发现怀疑论情景加在我们身上,因此我们不会改变自己的信念态度。由于条件③不满足,根据诺奇克的知识理论,S不知道怀疑论情景为假。于是,基于闭合原则的怀疑论论证是毫无破绽的,而诺奇克也指出,任何声称我们可以知道自己不在怀疑论情景中的努力都注定是要失败的。

虽然诺奇克的理论赞同怀疑论者的前提(CK_1),但却不同意结论(CK_3)。他认为普通的认知者是可以知道许多日常命题的,如自己在读书或者自己在看海。比如,当我在海边看海的时候,(i)我在看海是真的;(ii)并且我也相信我在看海;(iii)如果我在看海,那么,我也会相信我在看海;(iv)如果我没在看海,如我在家里读书或者去校园上课,那么,我就不会相信我在看海。由此可见,日常知识是可以满足条件(i)至条件

(iv)的。① 此处的担忧是,即使日常信念可以满足诺奇克的知识定义,但由于闭合原则的存在,我们很快就会意识到我们拥有日常知识与我们缺乏反怀疑论知识是不兼容的。因为我们知道日常命题蕴涵我们(可以)知道怀疑论假设为假,但是,我们难道不是已经同意了认知者不能知道怀疑论情景为假吗?现在的突出问题是如何既承认(CK_1)又否认(CK_2)。

为了解决上述问题,诺奇克的思路是拒绝闭合原则。一方面,闭合原则是知识的闭合原则,该原则所要表达的核心想法是,如果 S 知道一个命题,那么,已知的蕴涵关系并不会将 S 带出知识的范围之外,因此知识是封闭在已知的逻辑演绎中的。虽然我们可以构造众多的案例支持闭合原则,但诺奇克却认为闭合原则是错误的。在闭合原则中,由于演绎关系的存在,毫无疑问,知识的事实条件是可以满足的。但是,知识并不仅仅要求信念为真,还有别的一些要求,而这些要求也封闭在已知的蕴涵之中吗? 诺奇克论证,知识的 4 个条件并非都是闭合的,特别是条件(iii)和(iv)。以条件(iii)为例,它说的是如果 P 为假,S 就不相信 P。那么,当 S 知道 P 时,S 的信念 P 追踪事实 P,但即使 P 进一步蕴涵 Q,S 的信念 Q 能追踪事实 Q 吗? 让我们代入两组实例来思考一下。

---

① 这里为了讨论方便,略去对于信念形成方式的说明。如果读者需要更精确的表述,不妨自行加入方法的限定。

P_1 = 我在上海工作。

Q_1 = 我在地球上生活。

P_2 = 我在吃玛格丽特披萨。

Q_2 = 我不是一个"缸中之脑",接受着电流信号刺激从而相信 P_2。

让我们想象一下我不在上海工作的场景与我不在地球上生活的场景会是一样的吗？倘若我不在上海工作,我也许会在杭州工作,或者在云南工作。倘若我不在地球上生活,我也许会在火星或者其他的星球上生活。这看起来是差距很大的场景,而在两个差距很大的场景中我会相信什么都会是很不同的。至少在前面的场景中我不会持有有关地球以外星球的太多信息,而在后一个场景中既然该星球已经成为我生活的家园,总该会多掌握一些与之有关的信息吧？同样,对于 P_2 和 Q_2 来说,当两者为假的时候刻画的场景差距也很大。当我没在吃玛格丽特披萨,我可能是在吃糖葫芦或者在图书馆学习,而当 Q_2 为假时,我就只是一个接受电流信号刺激从而相信自己在吃玛格丽特披萨的漂浮着的大脑。在前一个场景我也许会相信我在吃糖葫芦或者我在图书馆,而在后一个场景我还是会相信我在吃玛格丽特披萨(如果有相应的类似披萨的信号刺激),也还是会相信 Q_2。

经由这两组实例,诺奇克给出的结论是条件(iii)并不封闭在已知的逻辑蕴涵之中。[①] 那么,由于知识的一个必要条件并不蕴涵在已知的逻辑蕴涵之中,因此知识也不蕴涵在已知的逻辑蕴涵之中。既然闭合原则是错的,基于闭合原则的(CK_2)也就有问题。于是,诺奇克就可以既坚持(CK_1)又反对(CK_3),从而给出对于怀疑论论证的自洽的回应。

小结

在前两节中我们回顾了德雷斯基与诺奇克的反怀疑论方案,两个方案的共同点是对于闭合原则的拒斥。他们不是拒绝闭合原则的具体版本,而是闭合原则本身,即知识是封闭在已知的蕴涵之中这个想法,并且两人都提出了自己的知识理论来分析闭合原则是否适用。可以设想,基于特定的知识理论来检验闭合原则是否可行依赖两个因素。首先,该知识理论本身是否面临困难,如果基于一个错误的知识理论来反对另外一个理论,那么,这样的攻击不仅是有问题的,甚至是危险的。因为我们很有可能会把本来正确的东西错误地抛弃。其次,与闭合原则相比,这些知识理论是否更合理和更基础? 即使预设德雷斯基与诺奇克的知识理论是可行的,我们还要平衡理论的取舍。不难发现,闭合原则中虽然用到"知道"这一概念,但并未对这一概念进行更深入的阐释和分析,

---

① 参见 Nozick(1981,207)。

也就是说,该原则是中立的且先于各种各样的知识理论,有些知识理论会支持该原则,有些则不支持。如果闭合原则的中立性或在先性意味着它是一个比特定的知识理论更基础的理论,那么,因为一个特定的知识理论而抛弃了更基础的闭合原则,我们的知识论体系势必遭受更大的影响。为了尽可能避免不必要的变动,在方法论上我们应该寻求保留更基础的原则,从而调整具体的知识理论。当然,这里的弦外之音是,如果没有更好的回应怀疑论的方案,我们最终不得不拒绝闭合原则。一旦有某些可行的怀疑论方案不要求拒绝闭合原则,此方案将优于德雷斯基和诺奇克的进路。这是一个复杂的问题,因此我将留给读者自行判断。下面简要概括一下两个知识理论面临的困难,并且对闭合原则做一个评述。

首先来看德雷斯基的方案。德雷斯基认为,怀疑论的错误是将对照组与相关组看作是外延相同的,因此要求知识排除所有的错误可能性。但是,正如基于闭合原则的怀疑论论证所展示的那样,怀疑论者只要求我们排除怀疑论情景为真这一可能性,而非其他更具体的日常的错误可能性,也没有要求所有替代项,为什么说怀疑论者要求知识不可错呢?并不是所有怀疑论都会把对照组与相关替代项等同,至少我们所讨论的彻底怀疑论不依赖知识的不可错论。此外,虽然我们可以承认怀疑论情景发生的客观概率比较小,但在反怀疑论的语境下,怀疑论情景被凸显出来,如果我们仍然声称这是一个不相关的替代项,那么,我们并没有获得太多理智的安慰。我们获得的顶多是一个告诫,即不要关心这种替代项,而不是说这种替代项是能够被排除的。当然,作为一个外在主义的方案,德雷斯基的方案也许并不看重理智的忧虑。但正如在讨论过程可靠主义时所谈到的,如果我们能在内在主义反怀疑论方案中找到更多理智的安慰,我们就不必停留在外在主义的方案之中。

其次来看诺奇克的方案。诺奇克的方案依赖知识的敏感性条件,该条件是反运气知识论中的一个理论,与之相竞争的是安全性理论(safety theory)。安全性理论的大致想法是,如果一个人知道一个偶然命题P,那么,在大部分相邻的可能世界里,只有当P为真时,S才会相信P。有学者指出,敏感性理论无法很好地处理归纳知识,而安全性理论则可以,所以,我们应该放弃敏感性理论。特别是基于安全性理论的反怀疑论方案不需要拒绝闭合原则,敏感性理论的劣势就彻底暴露了。本书会在第六章第二节进一步讨论这一点,这里就先略过。

再次来看闭合原则。抛开闭合原则在表述时可能面临的细节纠缠,我们可以再看一下该原则背后的思想。正如诺奇克所说,已知的蕴涵是保真的,所以,如果S知道P,那么,P为真,并且S知道P蕴涵Q,Q肯定是真的。此外,S如果基于P和Q之间的逻辑蕴涵关系来考察自己对Q的理性基础,并且以此为理由来相信Q,而不是别的一些不相关的理由,那么,S

难道缺乏对Q的理性支持吗？此时的关键问题是，已知的蕴涵会削弱信念的理性基础吗？如果我基于自己的感觉证据知道桌子上放着一个西柚，并且我知道一个水果是西柚蕴涵它不是香蕉，那么，我难道不是有理性基础地知道这个水果不是香蕉吗？这里的关键点在于，无论怎么知道桌子上放着一个西柚，如拥有充分证据的真信念或者通过可靠的方式形成的真信念，难道经由一个已知的蕴涵，我们相信桌子上不是香蕉就不再满足知识的定义了吗？从内在主义来看，我们对于P的理性基础是可以通过已知的蕴涵传递给Q；而从外在主义来说，蕴涵作为有效的逻辑推理也是一种可靠的信念形成方式。因此我们很难理解，运用已知的蕴涵究竟为我们的信念带来什么缺陷。根据诺奇克的知识定义，既然条件(iii)无法传递，这也意味着我们无法经由已知的蕴涵来拓展知识的范围。如果诺奇克的知识定义是没问题的，该结论毫无疑问会是一个噩耗。不过即使他的知识定义被证明是有问题的，有一点洞见却提醒我们：既然已知的蕴涵无法传递条件(iii)，那么，已知的蕴涵是否能传递任何知识的必要条件呢？如果不能，知识是封闭在已知的蕴涵关系中这个想法就应该被更谨慎地讨论。带着这个疑虑，我们进入下一章的讨论。

第六章
新摩尔主义与反怀疑论

这一章我们将要讨论新摩尔主义式(Neo-Mooreanism)的反怀疑论理论。这一进路不仅受到摩尔反怀疑论方案的启发,也意识到该方案的缺陷,因此在理论的修改和弥补过程中重新彰显摩尔式的反怀疑论风格。我们先从摩尔本人的理论出发,再逐渐过渡到新摩尔主义的各个理论。

第一节 摩尔反怀疑论及其缺陷

摩尔基于自己的常识哲学开展了对于怀疑论的批评。摩尔认为,有一些命题是他确定地知道为真的。例如,

(1) 我是一个人。
(2) 地球已经存在了很久远的时间。
(3) 现在有一个活着的身体,也就是我的身体。[①]

[①] 命题(1)至(3)可参见 Moore(1959,33)。

摩尔认为,不仅他本人,还有许多人都知道这些命题[1],而且这些命题具有以下4个特性:①虽然这些命题都是偶然的命题,但是,这不意味着我们不能知其为真,而且我们可以确定地知道其为真。②从这些命题并不能推断出我心灵的状态,但却可以推断出一个外部世界,一个外在于我们心灵的世界的存在。③当摩尔在做出断言时有基于感觉的证据。比如,他是基于自己的身体感觉知道自己在站着,从而给出"我在站着,而不是坐着或者躺着"这一断言。[2] ④这些命题是用来判决怀疑论与反怀疑论问题的最佳测试。在《证明外部世界》一文中,摩尔的论辩对手是关于外部世界的怀疑论,该怀疑论否认任何外部对象的存在。摩尔把外部对象定义为我们在空间中会遭遇的物,但排除了疼痛、后像、双像、幻觉与做梦。[3] 我们可以略过摩尔定义的细节,并且接受他对外部对象的讨论。在摩尔看来,如果能找出一个外部对象,就能反驳怀疑论者。他的反怀疑论论证形式如下:

---

[1] 当然前提为这些命题是关于别人的时候。
[2] 该断言可参见 Moore(1959,227)。这里有一个复杂点,在"A defence of common sense"这篇论文中,摩尔声称自己有对于确定地知道的命题的证据,但说不出这些证据是什么。但在"Certainty"这篇论文中,他明确说自己的证据部分是知觉的证据,但可能不限于此。
[3] 摩尔对于外部对象的讨论较为细致,可参见 Moore(1959,129—135)。

摩尔论证

(1) 这是一只手。

(2) 这是另外一只手。

(3) 如果有两只手,那么,就有外部对象的存在。

(4) 因此存在外部对象。

(Moore,1959,146)

摩尔认为自己所给的论证是一个严格的(rigorous)论证。其严格性表现在3个方面。首先,该论证的前提和结论是不同的,所以,这不是一个循环论证。因为该论证可以结论真而前提假,即存在外部对象但不是一只手,所以,并非是一个结论已经出现在前提中的循环论证。其次,该论证的前提是确定为真,而不是只是相信的或还未知其真的。这一点从摩尔的常识哲学立场已经获得足够的支持。再次,结论能从前提中推出,即:这是一个标准的演绎证明,在论证力度上是最强的。既然摩尔的论证是严格的,反怀疑论工作是否就应该画上圆满的句号了呢? 相信正如读者所预感的那样,故事远远没有结束。摩尔论证的缺陷到底在哪里? 在分析缺陷之前,我们先对摩尔的论证进行一些细微调整。这是由于摩尔的论辩对手是关于外部世界的怀疑论,而非关于外部世界知识的怀疑论,所以,我们需要将摩尔式的论证思路改写成下面的一个反彻底怀疑论的论证。

摩尔式反怀疑论论证

（摩尔$_1$）我知道我有一双手。

（摩尔$_2$）如果我知道我有一双手，并且我知道我有一双手蕴涵我不是"缸中之脑"，那么，我可以知道我不是"缸中之脑"。

（摩尔$_3$）因此我可以知道我不是"缸中之脑"。

我们将摩尔式反怀疑论论证与基于闭合原则的怀疑论论证（并且替换具体的命题）对比一下。

基于闭合原则的怀疑论论证

（CK_1）我不能知道我不是"缸中之脑"。

（CK_2）如果我知道我有一双手，并且我知道我有一双手蕴涵我不是"缸中之脑"，那么，我可以知道我不是"缸中之脑"。

（CK_3）因此我不知道我有一双手。

通过表1读者能够更直观地把握摩尔主义派、怀疑论派与反闭合原则派的纷争局面。

表1 怀疑论者、(新)摩尔主义与"德雷斯基+诺奇克"的比较

怀疑论者	(新)摩尔主义	"德雷斯基+诺奇克"
接受 CK_1	否定 CK_3	接受 CK_1
接受 CK_2	接受 CK_2	否定 CK_3
接受 CK_3	否定 CK_1	否定 CK_2

可以发现,摩尔式反怀疑论论证与基于闭合原则的怀疑论论证都共享了桥接原则,即(摩尔$_2$)或(CK_2)。只不过摩尔式反怀疑论论证是对该原则的肯定前件式使用,而基于闭合原则的怀疑论论证是对该原则的否定后件式使用。于是,两者陷入一场争论,并且争论双方势均力敌。想要打破这个僵局,就得看(摩尔$_1$)和(CK_1)谁更有说服力。摩尔认为怀疑论者缺乏好的理由支持(CK_1),但怀疑论也同样认为摩尔式反怀疑论的论证前提(摩尔$_1$)是缺乏理由的。下面简要列举一些对摩尔式反怀疑论论证的诊断。

首先,怀疑论者会质疑摩尔如何知道自己有一双手。在摩尔的论文中,他已经预料到这一诘难,但摩尔承认他并没有给出这样的论证,并且这样的论证也给不出来。在摩尔看来,要证明这一点就要先证明自己没有在做梦,但他无法完成这个任务。在更一般的原则上,摩尔认为自己知道一些东西,其中也包括他的证明的前提,但他并不能证明这一点。这乍看起来像是一个外在主义的立场,即:我们可以拥有知识,但这

并不代表我们可以基于证据来证明这一点。但是,摩尔本人是否支持外在主义仍然值得进一步商榷,所以,我们不从外在主义的角度去诠释摩尔。既然摩尔认为自己对于确定知道的东西可以有基于知觉经验的证据,而摩尔有一双手这样的命题又一般会和摩尔看到自己有一双手的视觉经验密切联系,我们不妨探索一下摩尔的回答会面临什么困难。假设怀疑论者问摩尔如何知道自己有一双手,摩尔回答说是基于自己有一双手的视觉证据。此时,怀疑论者可以说摩尔的证据并不充分。因为即使眼前有类似一双手的视觉证据,但这个证据同样支持两种情况:一种是摩尔有一双手,另一种是摩尔有一双手的幻觉。因此摩尔在缺乏进一步证据的基础上相信自己有一双手是缺乏认知辩护的。对这样的诘难,摩尔本人没有回答,也成为他被广受批评的一个缺陷。我们可以把这个缺陷概括如下:即使摩尔式论证的前提为真,但却缺乏理由支持。

其次,怀特和戴维斯(Martin Davies)认为,摩尔的论证无法将前提拥有的担保(warrant)传递给结论。[1] 在怀特这里,担保是支持一个命题的东西(如证据),可以等同于命题辩护。怀特指出担保是信息依赖的(information dependent)。考虑下面这个例子,〈水壶里面的液体沸腾了〉为〈水壶里面的液体

---

[1] 参见 Wright(2002;2004)和 Davies(2004)。

温度大约是100度〉这个假设提供担保吗？如果我们预设额外的信息，比如，水壶里面装的是水，并且所处的海拔大致是海平面，那么，〈水壶里面的液体沸腾了〉为〈水壶里面的液体温度大约是100度〉提供担保。如果缺乏背景信息，则无法提供担保，因为水壶里面的液体沸腾了同样支持别的假设。将该案例表达的思想普遍化，怀特指出如果把E当作P的担保理性地要求一些辅助信息I，那么，E为P提供的担保就是信息依赖的。这种结构如果以下面的方式（当P蕴涵I时）排列时就会产生传递失败。[①]

(I) 证据E。

(II) 命题P。

(III) 背景信息I。

比如，我们基于证据E〈约翰把篮球扣进了篮筐〉相信命题P〈约翰刚进了一球〉，然后从P演绎出结论I〈这里在进行一场篮球比赛〉。此时，(I)为(II)提供的担保无法传递给(III)。这是因为(I)能为(II)提供担保，是依赖于我们有独立且在先的理由去接受(III)。所以，我们不能按照上述推理方式获得有关(III)的首次的担保或者是额外的担保。基于这个想法，怀特就能解释为什么摩尔式反怀疑论论证无法为其结论提供理性担保（辩护）。摩尔基于自己的证据 E_1〈视觉经验

[①] 参见 Wright(2002, 336)。

向我展示我似乎有手〉相信命题 P_1〈我有手〉,并且基于 P_1 推出结论 I_1〈有个外部世界〉。但怀特指出,之所以 E_1 能为 P_1 提供担保,是依赖于摩尔必须事先有独立的担保相信〈有个外部世界〉,因此这个命题充当了背景信息的作用。也就是说,如果缺乏该背景信息,视觉证据 E_1〈视觉经验向我展示我似乎有手〉同样支持两个假设,一个是 P_1,另一个是 P_1^*〈我有关于手的幻觉〉。所以,只有对于背景信息〈有个外部世界〉有了在先且独立的担保,E_1 才为 P_1 提供担保。正因为如此,摩尔无法把 E_1 为 P_1 提供的担保传递给 I_1〈有个外部世界〉,自然他也无法为〈有个外部世界〉提供担保(辩护)。总结来说,由于担保(辩护)的结构上的问题导致担保传递失败,摩尔式反怀疑论证是失败的。

与怀特和戴维斯相反,詹姆斯·普莱尔(James Pryor)认为,摩尔的论证并非不能传递辩护,而只是在论辩的意义上无效(dialectically ineffective)。普莱尔基于自己知觉的独断论(dogmatism about perception)理论主张,摩尔的论证可以传递辩护。概括来说,他的理论主张,当摩尔拥有类似手的视觉经验时,这些视觉经验的现象特征就已经为摩尔相信自己有手提供了初步的辩护(prima facie justification)。初步的辩护是与全盘考虑的辩护(all things considered justification)相对比的。初步的辩护可以被挫败,但如果缺乏挫败者或出现的挫败者被进一步挫败,那么,初步的辩护至少是构成全盘考虑的辩护的。① 虽然普莱尔认为摩尔的论证可以为结论传递辩护,但该论证的缺陷在于其辩论的效力是缺失的。在普莱尔看来,论证是服务于论辩和对话的工具,而在论证时我们向听众呈现一个推理过程。② 所以,当一个论证向听众呈现了一个可以理性接受的推理,这个论证就是成功的。但不可否认的是,不同的听众在听到摩尔的论证时已经有了自己的看法,比如他们相信和怀疑的东西,而这些东西就决定了哪些推理是听众能理性地接受的。在这个意义上,一个论证是否成功在很大程度上取决于听众是谁。摩尔的论辩对手是怀疑论者,因此在面对摩尔的论证前他们已经对摩尔的结论持有怀疑态度,该怀疑态度会理性地阻止他们相信摩尔论证的前提,所以,即使摩尔的论证是严格的,也最终无法理性地说服怀疑论者。③ 由此拓展开来,作为一个反怀疑论的论证,摩尔应该要诊断并且批判怀疑论的论证。我们所期待的诊断至少应该解

---

① 这一区分可参见 Pryor(2004,353)。
② 当然我们也可以把自己当作假想的听众。
③ 理解普莱尔的看法依赖于他做出的理性承诺(rational commitment)和辩护的区分,参见 Pryor(2004,363—365)。假设我相信今天会下雨,但我缺乏任何支持该命题的理由,此时,我的信念是缺乏辩护的。但由于我持有该信念,我就对该信念蕴涵的信念有一个理性的承诺,比如今天不是晴天或者今天地会湿。既然我对今天会下雨缺乏辩护,那么,前提也无法传递任何辩护给结论。但是,我相信今天不是晴天或者今天地会湿却是一种理性的选择,因为这与我已有的信念是一致的。同样,我的信念今天会下雨也理性地阻止我相信与之冲突的命题,比如今天是晴天。

释为什么怀疑论的论证有其自带的合理性,以至于怀疑论的挑战如此难以应对。但摩尔在这个方面什么也没说,只留下了他严格的论证。

由上面的评述可以发现,摩尔的论证作为反怀疑论论证确实是有缺陷的。一方面他没有为自己的论证前提提供好的解释和依据,而只是表示出自己确定知其为真的态度。摩尔发现他的论证与怀疑论打成了平手,他对此很满意,这似乎已经是他能做出的巨大贡献。但值得担忧的是,即使摩尔与怀疑论打成了平手,在反怀疑论的大局上却是失败的。我们已经在前面的章节指出,怀疑论的挑战有悖论的特色和内生的本质。如果怀疑论是依赖于我们的知识理论所提出的,而我们的理论又同时促成了摩尔论证和怀疑论论证两个极端冲突的论证,那么,对于我们是否有知识这件事,我们不是面临一个理性上的僵局吗?这难道不是进一步提醒我们,当下的知识理论深处是充满问题的吗?因此摩尔的论证并未解决问题,而只是进一步揭露了问题之所在。另一方面,摩尔也并未对怀疑论论证的表面效力提供任何的哲学诊断,而这种诊断恰恰是一个反怀疑论的方案的基础要求。当然,这也许是因为摩尔更希望以勇士的姿态直面怀疑论挑战,而不是提供一种温和的诊断。不过值得庆幸的是,随着摩尔的方案的不足被揭露出来,新摩尔主义便可以有所借鉴,从而获得登上舞台的绝佳机会。

第二节 新摩尔主义：安全性理论

新摩尔主义（Neo-Mooreanism）受到摩尔反怀疑论的启发，并坚持从我们拥有的日常知识开始，直接论证说我们可以知道怀疑论假设是错的。这一论证风格的特点的确是与摩尔高度一致。但由于意识到摩尔方案的不足，新摩尔主义者尝试在两方面加强自己的理论：一方面是针对为何我们知道日常命题提供更好的哲学解释；另一方面则是对怀疑论论证给出一个理论诊断，以驱散怀疑论自带的诱惑力。代表性的新摩尔主义者包括索萨（Sosa，1999）与普理查德（Pritchard，2007;2012）。前者是外在主义式的摩尔主义方案，而后者则兼具外在主义与内在主义的色彩。让我们从索萨的方案开始。

索萨提倡知识的安全性（safety）原则。安全性的大概思想可以表述如下：

S 的信念 P 是安全的当且仅当只有 P 为真，S 才会相信 P。

（Sosa，1999，142）

如果一个人知道一个偶然命题 P，那么，在大部分相邻的可能世界里，只有当 P 为真时，S 才会相信 P。

（Pritchard，2005c，171）

索萨(Sosa)

安全性原则所说的是,知识不仅要求真信念,还要求信念是安全的,即我们的信念不能那么轻易为错。与敏感性条件一样,安全性所谈论的也是一种反事实的性质。当我们评价一个人的信念 P 是否安全,我们考虑相邻的一些可能世界,看在这些可能世界里 P 是否为真。如果 P 不仅在现实世界为真,还在大多数相邻的可能世界为真,那么,P 就是安全的。很容易发现,敏感性理论考虑的是最近的一个或一些 P 为假的可能世界,然后看 S 是否不信。安全性理论注重的是在大多数相邻的可能世界,当 S 继续信,然后看 P 是否为真。举例来说,在正常情况下我通过视觉看到自己的手从而相信我有一只手,该信念是安全的,也可以成为知识。[①] 这是因为我是基于视觉识别自己的手来形成信念的,所以,即使对现实世界做些许改变(比如改变我看的角度,或者是放置东西阻挡我的视线),只要我继续相信,该信念就仍然为真。当然安全性条件也应该加上对于信念形成方式的限定,否则面临外婆案例时会解释不通。回想一下该案例。

外婆案例(the grandmother case)

外孙每次来外婆家玩耍,外婆只要看到外孙活蹦乱

[①] 因为安全性只是知识的必要条件,所以,该信念是否能成为知识还依赖于它是否满足别的条件。

跳且能吃能睡,就知道外孙身体好。但是,假设外孙不幸生了重病或夭折了,别的人就会告诉她说外孙仍然好好的,以免她担心。①

外婆的信念是否是安全的呢?根据案例的描述,我们有理由相信外婆的信念不安全。因为在相邻的可能世界中,当外婆相信外孙身体好的时候,外孙也许生病或夭折。当然此时外婆之所以相信外孙身体好,是由于别人怕她担心,因此刻意瞒着她的。但无论如何,根据最后的安全性定义,外婆的信念是很容易出错的,因此她的信念不安全。面对这个错误的理论解释,支持安全性理论的学者与诺奇克一样,加入了信念形成方式的限制。修改后的安全性条件可以表述如下:

安全性条件*

如果 S 知道一个偶然命题 P,那么,在大多数相邻的可能世界中,并且在这些可能世界 S 继续使用他在现实世界使用的方法 M,只有当 P 为真的时候 S 才会相信 P。

(Pritchard,2005c,156)

修改后的安全性条件可以很好地解释外婆案例,这里不

---

① 该案例可参见 Nozick(1981,179)。

再赘述。索萨认为安全性条件比敏感性条件好,这是因为敏感性条件难以解释下面的反例。

电子邮箱

> 小王是学校的教师,他通过学校邮箱给同事发了一封工作邮件。小王知道整个学校的邮箱系统维护得很好,是很可靠的,因此邮件发送完毕以后他相信自己的同事已经收到了这封邮件。事实上,同事也的确收到邮件了。[1]

在该案例中,直觉的结果是小王知道他的同事已经收到这封邮件,但是,敏感性理论的支持者无法解释这一直觉。这是因为根据敏感性条件来看,小王的信念是不敏感的。在现实世界小王的信念为真,并且小王形成信念的方法是基于自己对学校邮箱系统的信赖,而不是基于亲眼看到同事收到邮件或者听到同事的证言。在一个较近的可能世界中,由于同事的邮箱被病毒攻击了,因此同事的邮箱无法正常接收邮件,但是,小王仍然会出于自己对学校邮箱系统的信赖相信邮件已经成功投递给同事,因此并没有追踪事实。也就是说,小王的信念是不敏感的。那么,由于缺乏敏感性,小王的信念也无

---

[1] 索萨批评敏感性理论时是用的垃圾案例,可参见 Sosa(1999,145)。

法成为知识。

相反,安全性理论却可以解释上述的直觉。这是因为保持小王的信念形成方式,不仅在现实世界他的信念是真的,在相邻的可能世界他的信念也不会轻易出错。上面提到了同事的邮箱被病毒攻击的可能性,但该可能性不是与现实世界较近的可能世界。[①] 这是因为在更近的可能世界中,即使有黑客攻击学校邮箱系统或者遇上系统更新,学校的信息管理部门或者能成功地抵御常见的攻击,或者不会由于更新而影响用户的正常使用。正是由于在一般情况下学校信息管理部门能处理好这些事,我们才会说它是可靠的。所以,要使得同事的邮箱被病毒攻击而影响使用,这就要做出较大的改变,比如有技术高超的黑客出于特别的原因来攻击学校的防火墙,从而造成该教师邮箱系统的局部瘫痪。这种情况当然是可能发生的,但已经不再离现实世界那么近。此时安全性理论会说,在与现实世界最近的那些可能世界中,小王的信念不会轻易出错,因为只要他继续相信,他的信念都会是真的。那么,既然小王的信念满足了安全性条件,他的信念就可以成为知识。

[①] 在上一段敏感性理论的分析中,之所以说邮箱中毒的可能世界较近,是相对于另外的一些同事未收到邮件的可能世界,比如整个学校邮箱系统瘫痪,或者在怀疑论情境中同事从来不存在。而在安全性理论分析中,之所以说邮箱中毒的可能世界不是较近的可能世界,是相对于现实世界需要做出的改变来说的。因为还有别的一些更小的改变方式并不会使得同事收不到邮件。

这与直觉的判断是吻合的。

电子邮箱案例虽然看起来只是单独的一个案例,但其实它所针对的是我们的归纳知识,即:我们并没有当下的直接证据,而只是基于过去的经验来判断还没有观察到的情况。小王并没有直接看到同事邮箱中出现他发出的邮件,而只是基于过去邮箱系统的可靠运作相信这次同事会收到他的邮件。如果这类信念都是不敏感的,那么,这类信念都无法成为知识,这也就意味着不存在归纳知识。这个结论无疑是敏感性理论支持者的一个包袱,毕竟归纳知识也是众多学者所接受的一种知识种类。安全性理论在这一点上就凸显了优势,因为根据安全性理论来看,这类信念都能成为知识,因为它们都是安全的。这里彰显出敏感性理论与安全性理论的一个重大差别。虽然两者都从现实世界出发进行反事实的评价,但安全性理论只考察较近的可能世界是否存在信念出错的可能性,而敏感性理论则考察最近的出错世界认知者的信念情况。典型的能成为归纳知识的信念具有一定的可靠性,或者说依赖于自然规律的稳定性,而正是这种稳定性和可靠性使得我们信念出错的可能世界是离现实世界较远的。对于敏感性来说,这些信念出错的可能世界是相关的,是我们的信念必须得追踪的;而对于安全性理论来说,由于这些信念出错的可能世界是远的,是不相关的,因此即使出错也不影响安全性。当然对于那些基于不可靠的方式形成的碰巧为真的信念,两个理论都能很好地应对,也就无法比较出两者的优劣。① 所以,只有在归纳知识这一点上,两个理论的差别才凸显出来。

除了说明归纳知识的困难以外,索萨还指出安全性理论面临的另外两个困难。② 其中一个困难是对于必然命题的说明。比如 2+2=4 这样的必然命题,由于其必然为真,因此要找到一个使得该命题为假的可能世界并不存在。在现实世界中,认知者相信该命题,但该信念并不满足敏感性条件。更有趣的是,这里的敏感性条件之所以不被满足,并不是因为该命题为假时认知者会继续相信,而是因为我们无法找到该命题为假的可能世界。由于评价信念敏感性的条件无法满足,我们就无法合理地说认知者对于 2+2=4 这样的必然命题拥有敏感的信念,也因此无法成为知识。数学和逻辑这样的知识也会被敏感性理论排除在外。为了避免这一问题,针对这类真理,诺奇克只能放弃敏感性条件的要求。

另一个困难是考虑两个命题〈P〉和〈我没有错误地相信P〉。一个理性的认知者会同时相信这两个命题,并且会同时知道这两个命题。针对第一个命题,我们可以拥有敏感的信念,但针对第二个命题,我们的信念却绝不可能是敏感的。当

---

① 至少两个理论都同样能解释葛梯尔式的案例,而在这些案例中就是主角的信念碰巧为真。
② 参见 Sosa(1999,145—146)。

〈我没有错误地相信P〉为假,就等于说我错误地相信了P,而这进一步意味着我相信P但P为假。由于我仍然相信P,我就没有理由相信我对P的信念是错的,所以,即使作为拥有最低限度理性的人,我仍然会相信我没有错误地相信P。因此针对第二个命题我的信念不可能是敏感的。

基于上述考虑,索萨认为敏感性条件应该被放弃,而且我们应该转而接受安全性条件。那么,基于安全性条件如何为摩尔的论证进行辩护呢?索萨的辩护主要分5步完成。[①]

第一,知识要求安全性条件,而非敏感性条件。虽然知识要求信念不能碰巧为真,而应该排除信念当中的成真运气,但就克服运气的方式来看,安全性条件比敏感性条件要好,所以,知识要求的是安全性条件。

第二,怀疑论的前提是错的。在基于闭合原则的怀疑论论证中,怀疑论者从S不知道自己不处于怀疑论情景之中开始攻击S的日常信念。知识的敏感性条件为怀疑论的前提提供了额外的支持。即使当S身处怀疑论情景,它仍然会相信自己没有处于怀疑论情景,所以,S对于自己不在怀疑论情景之中的信念不是敏感的。由此可见,如果误把敏感性条件当作知识的必要条件,我们就会更容易接受基于闭合原则的怀疑论论证的前提。但是,既然我们有理由放弃敏感性条件并

[①] 参见Sosa(1999,147—178)。

转而接受安全性条件,怀疑论前提的支撑就变弱了很多。在现实世界中,当 S 相信自己不在怀疑论情景之中,他的信念是安全的。这是因为在相邻的一些可能世界中,只要 S 继续持有该信念,他的信念都会是真的。要使得该信念不为真,S 所遭受的欺骗一定得是广泛且彻底的,而这种改变将会使得该可能世界与我们的现实世界差得很远。既然 S 的信念是安全的,就没有理由说由于 S 的信念不满足知识的必要条件,因此 S 不知道自己不在怀疑论情景之中。

第三,安全性与敏感性条件虽然很像,但却是不一样的,我们要避免混淆知识所真正要求的条件。从两个条件的最简单表述来看,敏感性条件说的是,当 P 不为真,则 S 不信 P;安全性条件说的是,当 S 相信 P,则 P 为真。此时,人们也许会把两个理论的关系看成实质蕴涵中的换质位法(contraposition)。换质位法是指给定条件句,如果 P(大雨磅礴),那么 Q(地面湿滑),其逻辑上等同于条件句,如果非 Q(没有地面湿滑),那么非 P(并未大雨磅礴)。但虚拟条件句(subjunctive conditionals)并不满足换质位法。[①] 试看下面的

[①] 虚拟条件句除了不满足换质位法,也不满足前件增强(augmentation)。比如在命题逻辑里,如果 P→Q,那么,(P∧R)→Q。虚拟条件句不支持这一性质,比如下列推理:

(1) 如果我跳得更高一点,我就应该把断线的风筝从樱花树上取下来了。

(2) 如果我跳得更高一点,并且一阵强风把风筝吹跑,我就应该把断线的风筝从樱花树上取下来了。

(转下页)

例子。

音乐剧海选案例

假设小冉参加《悲惨世界》音乐剧的主角海选活动,选手只有获得了所有10位评委的赞成票才能最终胜出。但悲惨的是,虽然小冉很努力地准备了这次海选活动,评委 A 和 C 还是给了他反对票。

让我们考虑这样一个虚拟条件句:即使评委 A 给了小冉赞成票,小冉仍然会悲惨地落选。我们能由此推出,如果小冉在海选活动中成功胜出,评委 A 给了小冉反对票吗?明显这个换质位推理是有问题的。因为要使得小冉成功胜出,他必须获得所有评委的赞成票,包括 A 的赞成票。由这个反例可以看出,安全性条件虽然和敏感性条件很像,但却是不一样的。

第四,正是由于安全性条件和敏感性条件很像,所以,很多人误以为怀疑论的前提是对的,而摩尔式反怀疑论的结论是错的。进一步地,支持敏感性的那些理由也可以支持安全性条件,因此我们应该拒绝怀疑论的前提。

第五,基于安全性理论的新摩尔主义式方案仍然能提供

(接上页)更详细的讨论可参见 Sider(2010)中的第 8 章。

对于怀疑论的诊断。支持敏感性理论的哲学家认为,怀疑论的前提之所以看起来合理,乃是因为怀疑论者运用了知识的敏感性条件。这一特征反过来为基于敏感性理论的反怀疑论理论提供了一个理论的优势,因为任何令人满意的反怀疑论理论都得提供一个诊断,该诊断解释了怀疑论所具有的表面的合理性和诱惑力。虽然敏感性理论是基于怀疑论前提为真来解释其合理性,索萨认为安全性理论能做得更多。基于安全性理论我们不仅可以解释为什么怀疑论前提看起来那么合理,还能解释为什么怀疑论前提看起来那么不合理。毕竟不可否认的是,许多读者看到怀疑论前提的时候,会觉得这个陈述不可思议,因为根据常识态度来看我们当然知道自己没有在做梦,没有被恶魔控制,也不是一个漂浮在营养液中的"缸中之脑"。敏感性理论在解释为什么怀疑论前提看起来合理方面做得较好,但却无法解释为什么看起来不合理,因为在敏感性理论看来,怀疑论的前提就是真的。安全性理论则可以两方面兼顾。怀疑论的前提之所以乍看之下具有合理性,是因为我们把安全性条件误认为是敏感性条件,毕竟两个原则的确很像;怀疑论的前提之所以看起来不合理,乃是因为我们的信念是安全的,因此我们是可以知道自己并非身处怀疑论情景之中的。

总结来看,索萨基于安全性理论为摩尔式论证的前提提供了新的支持。这种支持不是基于内在主义式的证据,不是我们能援引的理由,而是信念外在的安全性。正是因为摩尔的常识信念是安全的,所以,摩尔的信念可以成为知识。并且由于安全性是一个外在的条件,这就避免了怀疑论者顺着内在主义线索的进一步提问。此外,索萨的方案还为摩尔式的方案提供了一个哲学诊断,即:由于我们误把敏感性条件当作知识的必要条件,因此我们才会接受怀疑论的前提。一旦我们意识到知识真正要求的是安全性条件,我们就能更自然地接受对于怀疑论前提的直接反驳。正是在这两个点,索萨的方案为摩尔式反怀疑论进路添加了更强的哲学支持。下面让我们转向另外一种新摩尔主义。

第三节 新摩尔主义:知识论析取主义

上一节我们介绍了索萨的新摩尔主义方案,该方案不仅是外在主义式的,还是针对基于闭合原则的怀疑论论证。这一节我们所要讨论的知识论析取主义的切入点不同,一方面该理论兼具内在主义与外在主义色彩,另一方面该理论的摩尔式反怀疑论方案主要针对基于非充分决定原则的怀疑论论证。

概括说来,知识论的析取主义认为在我们的知觉过程中存在两类本质上不同的情况,一种是好的情况(good case),一种是差的情况(bad case)。在好的情况中,我们的知觉经验是真实的,我们可以获得知觉知识,而且知识拥有事实性的且可反思获得的理由支持;在差的情况中,我们的知觉经验不是真实的,因此我们缺乏知觉知识。普理查德(Pritchard)把知识论的析取主义的核心论题表达如下:

> 在典型的知觉知识中,认知者 S 通过 R 的理性支持而获得知识 P,R 不仅是事实性的,也是对于 S 来说是可反思获得的。
>
> (Pritchard,2012,13)

这个论题说的是,S 的知觉知识拥有一个理性的支持,而这个理性支持就是 S 看到 P(sees that P)。这个理性支持之所以是理性的,是因为 S 可以仅靠反思就可以获得,因此这个理由本身对 S 来说不是超出其认知能力的,而是可掌握的,S 可以援引该理由来支持 S 的信念 P。可以看出,知识论析取主义是支持通达主义的,通达主义认为所有 S 仅靠反省可获得的东西构成了 S 信念的辩护来源。由于通达主义是一种主流的内在主义,因此知识论析取主义具有内在主义的色彩。此外,这个理由也是事实性的,因为这时 S 是通过看到 P 而知道 P,而看到 P 是事实性的。也正因为该理由和真之间的联系是决定性的,知识论析取主义具有很强的外在主义色彩。好情况与差情况中的理性支持不仅不同,而且是截然不同,因为在差情况中 S 并没有看到 P。

为了使讨论更清晰,我们不妨看一下普理查德(Pritchard,2012,29)对于所有好坏案例的分类,如表2所示。

表2 好坏案例的分类

	最好	好	差	"差$^+$"	"差$^{++}$"	"差$^{+++}$"
客观的好?	是	是	否	否	否	否
主观的好?	是	否	是	否	是	否
真实经验?	是	是	是	是	否	否
看到P?	是	是	否	否	否	否
知道P?	是	否	否	否	否	否

表2中"客观的好"主要取决于认知环境和认知主体的认知官能。如果两方面都没问题,认知者就处于一个好的认知环境,也等同于认知者看到P,此时,只要认知者善加利用"看到P"这个理由就处于可以获得知觉知识的有利地位。"主观的好"指的是认知者内在的认知处境,特别是认知者是否拥有或应该意识到针对P的挫败者(defeater)。如果没有,那就是主观的好。"真实经验"指的是知觉经验是否是真实的,可以发现表2中有的情况是真实经验与知道P(或客观的好)分开的。

我们可以用一系列谷仓案例变形来展示每一种情况。在最好的例子中,S在一个客观上好的环境中看到一个谷仓,基于视觉经验相信P⟨面前有一个谷仓⟩,并且S合理地缺乏任何理由反对 P。① 由于 S 身处客观上好的环境，其知觉经验也是真实的。在这样的例子中，S 看到 P，并以此作为理性支持去相信 P，最终 S 知道 P。也正是这种例子被普理查德当作知觉知识的典型例子。

从一个最好的例子变成好的例子，我们可以保持别的方面不动，只是让 S 拥有一个信念的挫败者，比如朋友说这里充斥着许多假谷仓。虽然该挫败者是误导性的（事实上田野里都是真谷仓），但它仍然使得 S 没有基于自己看到 P 从而相信 P，因此知识的信念条件不满足，S 不知道 P。虽然 S 缺乏知识，但由于他身处客观的好的环境，其知觉经验还是真实的。

下面是差的例子。S 看到一个真正的谷仓，但是，该谷仓周围充斥着许多假谷仓，并且真假谷仓很难辨认。这么一个易错的环境使得 S 处于客观上差的环境，但由于 S 内在缺乏 P 的挫败者，因此他拥有主观的好。并且由于他的视觉的确是由真谷仓引起的，因此知觉经验是真实的。由于缺乏客观的好，因此即使他相信 P，也由于认知运气的干扰而无法算作知道 P。

---

① 这里的合理是指，S 实际上缺乏理由反对 P，他也不应该意识到某些反对 P 的规范理由。这里主要涉及两类挫败者，一种是规范的挫败者（normative defeater），另一种是信念的挫败者（doxastic defeater）。S 实际上缺乏理由反对 P，是指 S 没有信念的挫败者，S 也不应该怀疑 P 是说 S 没有规范的挫败者。这一区分可参见 Plantinga(2000)、Bergmann(2006)和 Lackey(2008,44)。

从差的例子变成"差$^+$"的例子,我们只需给 S 添加一些 P 的挫败者。比如,有人告诉他所处的环境充斥着假谷仓,此时,他处于客观上和主观上都差的环境。但由于他的视觉仍然是由真谷仓引起的,因此知觉经验是真实的。在这种案例中,他并未看到 P,更无法知道 P。

要变成"差$^{++}$"的例子,我们让 S 仍然处于充斥着假谷仓的环境中,并且此时他看到的谷仓还是来自幻觉,但他没有针对 P 的挫败者。此时,他的视觉经验并非是真实的,而且他既没有看到 P 也不知道 P。

再来看"差$^{+++}$"的例子,我们只需要在"差$^{++}$"的例子基础上更改,说 S 还拥有来自证言的针对 P 的挫败者。此时,S 处于客观上与主观上都差的环境,并且视觉经验也是不真实的,他既没有看到 P,也不知道 P。毫无疑问,这是我们所能想象出来的最差的认知情况。

在介绍完知识论析取主义者对于好坏例子的细分之后,我们再针对"看到 P"这一关键性的概念进行梳理。什么是知识论学者所提出的"看到 P"呢?首先,我们需要区分非认知的看与认知的看。对于非认知的看,比如,一个从没见过西柚的人看到一个西柚,或者一个认识西柚的人环视整个水果店没有注意到摆放在货柜上的西柚。在这两种情况下,虽然都有一个西柚出现在认知者的视野里,但他并没有识别出来,也就是说,此时西柚出现在其视野里并没有认知的价值。就认知的看来说,一个人需要识别出看的主题或内容,即:注意到眼前的西柚,并把它识别为西柚。在此基础上,我们要区分物体性的看(objectual seeing)和命题性的看(propositional seeing)。把一个西柚识别为一个对象是属于物体性的看,而看到有一个西柚则是命题性的看。可以看出,后者比前者具有更高的认知价值。因为知识的对象是一个事实,而命题性的看的对象不是一个物体,而是一个事实,因此其认知对象更接近于(或等同于)知识的对象。毫无疑问,物体性的看和命题性的看都已经属于认知的看,因为它们都包括认知者有"西柚"这个概念并且识别出世界中的一个西柚。

进一步地,我们还要强调获得命题性的看与物体性的看的关联,此处我们只讨论通过物体性的看达到命题性的看,并且前者看的对象需要出现在后者的内容之中。试思考下面的这个案例:当我凝视我的书桌,看到桌子上只放着一副蓝牙耳机,此时我可以命题性地看到我的桌子上有一副蓝牙耳机,也可以命题性地看到我的桌子上没有手机,但我达到两个命题性的看的基础略有差异。前者是基于我物体性地看到一副蓝牙耳机,而后者不是基于我物体性地看到一部"没有的手机",而是基于推论,即没有在桌子上看到任何一部手机,因此桌子上没有手机。所以,命题性的看与物体性的看是可以独立开来的,即我们没有物体性的看也可以达到命题性的看。①

最后,一个关键的点是如果 P 为假,我们不可能看到 P,因此看到 P 蕴涵着 P 为真。怀疑论者会反驳说,在怀疑论的情景中,一个人也可以看到一个西柚,并以此为基础错误地相信自己看到一个西柚。这一想法可以表达如下:

最高共同因素论证

(CF_1) 在差的例子中,S 的理性支持不是事实性的。

(CF_2) 在最好的例子中,S 能仅靠反思获得的理性支持就是 S^* 在坏例子中仅靠反思获得的理性支持。[最高共同因素原则]

(CF_3) 在最好的例子中,S 拥有的理性支持与 S^* 在坏例子中拥有的理性支持处于同一水平。

(CF_4) 在最好的例子中,S 拥有的理性支持不是事实性的。②

该论证中(CF_2)所依赖的思想也可以表述为新恶魔论题。

---

① 关于这一点的更早的讨论,可参见 Dretske(1968,78)。
② 相似的论证可参见 McDowell(1995)和 Pritchard(2012,43)。

新恶魔论题

S相信P的内在主义式的认知支持与在怀疑论情景中S的复制体S*一样。[1]

支持内在主义的知识论学者都普遍支持新恶魔论题,因为该论题可以从通达主义或者心灵主义推出。既然知识论析取主义支持通达主义,那么,知识论析取主义似乎也必须支持新恶魔主义。但是,知识论析取主义者如何可以避免最高共同因素论证的结论呢?毕竟该结论指出的是,即使在最好的情况中,S的理性支持也不是事实性的,这也就意味着S无法看到P。对于怀疑论者的描述,知识论析取主义者会指出,在怀疑论情景中的这个人既没有物体性的看,也没有命题性的看,因此不是看到P,而只是仅仅认为自己看到P。虽然从个人的主观经验来说,真实情景和怀疑论情境是无法区分的,但要解释这一事实并不一定需要预设两种情景中的认知理由是相同的。要为"看到P"这一状态进行哲学辩护还需要做很多工作,普理查德在其著作中主要解决了3个难题,分别是区分性难题(the distinguishability problem)、通达难题(the access problem)与根据难题(the basis problem)。[2] 这里不再赘述

---

[1] 关于这一理论的早期探讨,可参见 Lehrer, Cohen(1983)和 Cohen(1984)。
[2] 对于根据难题的讨论,除了可参见普理查德(2012),还可见王聚(2016)。

其中的讨论细节。我们假设知识论析取主义者的确能为"看到 P"这一状态做出很好的哲学辩护，那么，知识论析取主义就明确地反对如下论题：

共同元素原则(the common factor principle)
现象学上无法区分(phenomenologically indistinguishable)的感知、幻觉和错觉三者拥有共同的心灵状态。①

该原则所表达的想法是，根据我们的预设来看，从认知主体的内在经验看来，3 种认知情况是无法区别的，因此如果我们的心灵无法通过反思区别这 3 个心灵状态，这 3 个心灵状态就没有什么不同。或者弱化地说，现象上我们无法区别这 3 种状态是一个让我们相信这 3 种认知情况可能拥有共同的心灵状态的很好的理由。基于这种共同的心灵状态，也就是我们似乎看到某种东西(seeming to see something)，加之以外部世界的不同情况，我们得以解释为什么真实感知、幻觉和错觉会得以发生。

现在我们已经大致清楚：在好的例子中，S 的理性支持是 S 看到 P；在差的例子中，S 的理性支持仅仅是 S 好像看到 P。那么，基于知识论析取主义可以如何回应怀疑论论证呢？回

---

① 参见 Fish(2010,4)。

想一下基于理性知识非充分决定原则的怀疑论论证(其中 P 是日常命题,Q 是怀疑论情景)。

基于理性知识非充分决定原则的怀疑论论证

(UR_1)如果 S 的理性支持并不支持 P 超过 Q,并且 S 知道两者的不相容,那么,S 缺乏具有理性支持的知识 P。

(UR_2)S 的理性支持并不支持 P 超过 Q,并且 S 知道两者的不相容。

(UR_3)因此 S 缺乏具有理性支持的知识 P。

知识论析取主义者认为该论证中(UR_2)是错误的。因为怀疑论者把日常信念的理性支持类型限定为区分性支持,但普理查德却主张理性支持不仅包括区分型支持(discriminating support),还包括有利型支持(favouring support)。我们可以把这两种支持分别定义如下:

区分型支持

对于任何的 P,Q 和 S,如果 S 可以区分 P 和 Q 两个命题中涉及的对象,并且 S 意识到 P 和 Q 是不相容的,那么,S 拥有支持信念 P 的区分型支持。

有利型支持

对于任何的 P,Q 和 S,如果给定 S 的理性支持(证据),P 比 Q 更可能为真,并且 S 意识到 P 和 Q 是不相容的,那么,S 拥有支持信念 P 的有利型支持。①

这里进行一些澄清。首先,只要从 S 本人的视角来看,S 的理性支持使得 P 比 Q 更可能为真,那么,S 的理性支持就更支持 P。其次,我不加替换地使用理性支持和证据,因为我是按照内在主义的方式理解证据的。② 为了更好地理解上述区分,我们可以思考下面这个例子。假设同事问我小李在哪里,我告诉他说我正好看见小李在走廊尽头打电话。朋友问我,你不会把小王看成小李了吧?我回答说小王更高,而且发型不一样,因此那个人是小李而非小王。针对我所看到的人是小李这个命题来说,我的视觉证据提供了直接的反对证据。在这个例子中,直接证据是与知觉证据密切相关的。由于故事中的"我"发现在走廊尽头的人的体貌符合小李的特征,而不符合小王的特征,因此基于此我知道走廊尽头的那个人是小李。这个想法与知觉知识的相关替代项理论关系密切,该理论主张如下:

---

① 原区分可参见 Pritchard(2012,77)。
② 基于外在主义来理解证据的方式可参见 Williamson(2000)。

知觉知识的相关替代项理论

如果一个人要通过知觉的方式知道 P，那么，他必须排除相关的非 P 替代项，而一个相关的替代项就是会在相邻的可能世界实现的替代项。①

该理论有着较高的可行性，因为如果一个人无法区分 P 及非 P 替代项，那么，由于非 P 在较近的可能世界是容易实现的，这个人相信 P 的信念是不安全的（或者说辩护太弱）。在上面的例子中，如果"我"不能把小李和小王区分开，"我"如何可以知道小李在走廊尽头呢？此处我们注意到区分型支持和知觉知识的密切关系。但是否我们因此就要预设知觉知识只能立足于区分型支持呢？如果该想法是对的，那么，除非我们拥有区分型支持，否则我们无法拥有知觉知识。但这一想法是有问题的，因为它对于知觉知识的限制太强了。我们不妨再回顾一下德雷斯基的斑马案例。

斑马案例

假设你带儿子去动物园游玩，看到几匹斑马，你儿子问你这是什么动物，你就告诉他这是斑马。那么，你是否

---

① 这一思想的源头可参见 Dretske(2000, 52)，不过此处的表述方式参见 Pritchard(2012, 67)。

知道这是斑马呢？当然我们大部分人都会说自己知道。因为我们大部分人都知道斑马长什么样子，并且这是在城市动物园里，还有动物信息告示牌写着"斑马"。但是，如果一个动物是斑马就蕴涵这个动物不是驴，特别地，这个动物不是被巧妙化妆过的驴。你是否知道这个动物不是被巧妙化妆过的驴呢？

(Dretske，1971，1015—1016)

斑马案例给人的第一印象是，案例中的主角并不知道面前的动物不是被巧妙化妆过的驴。因为如果这些动物是被巧妙化妆过的驴，它们也会看起来和斑马极其相似。也就是说，基于既有的视觉证据，案例中的主角是无法把斑马和巧妙化妆过的驴区分开的。但这里遗漏了一点，即案例中的主角的理性支持（证据）到底包括哪些呢？从案例的描述来看，他的所有证据包括眼前动物的样子、关于斑马外观的背景知识、一块写有"斑马"的告示牌，以及自己在城市动物园的意识。把这些证据综合起来看，我们可以说案例中的主角知道面前的动物是斑马。值得我们注意的是，他的证据里面包括一些非区分型证据，比如一块写有"斑马"的告示牌和自己在城市动物园的意识。这些证据恰恰是有利型支持，因为它们使得命题〈眼前的动物是斑马〉变得更有可能成真，而不是其替代项命题〈眼前的动物是被巧妙化妆过的驴〉。所以，即使案例中的主角缺乏区分型支持,他也能知道眼前的动物是斑马。

从斑马案例我们能够看出,我们对于理性支持(证据)的理解不能仅仅限于区分型支持。虽然在许多正常情况中,相关的替代项可以被区分型证据所轻易消除,比如我们可以轻易地区分斑马和熊猫或者斑马和大象。但是,对于一些稍远的替代项,比如被巧妙化妆的驴,正常的认知者就会缺乏区分型支持,而这正是因为一匹斑马和一头巧妙化妆过的驴实在太难辨识。当然如果经过专门的训练,这项辨识任务也许并非不可能,但对于一般人来说,这已经是无法辨识的。不过对于一般人来说,此时却可以诉诸有利型支持。谈及知觉知识,我们的理性支持应该既包括区分型支持,也包括有利型支持。既然我们认识到我们的证据可以包括区分型和有利型支持,此时,我们就能批评怀疑论论证中错误的预设。

在基于理性知识非充分决定原则的怀疑论论证中,普理查德攻击的要点是(UR_2),他将支持(UR_2)的想法概括如下:

理由的孤立性论题(the insularity of reasons thesis)
即使在最好的情况中,我们对于知觉信念的理性支持都是孤立的,以至于拥有该理性支持也与该信念为错是相容的。

(Pritchard,2015,55)

如果知识论析取主义可以反对理由的孤立性论题，(UR_2)就会受到削弱，最终基于理性知识非充分决定原则的怀疑论论证也会受到驳斥。普理查德想要论证的是，在好的例子中，我们的理性支持更有利于我们的日常信念，而非怀疑论假设。我们要注意到普理查德的主张的条件性，这是因为(UR_2)是具有歧义的。我们可以按照下面的3种方式来解读(UR_2)，其中P是日常命题，Q是对应的怀疑论命题。

(UR_{2A}) 在好的例子中，S 的理性支持并不支持 P 超过 Q。

(UR_{2B}) 在坏的例子中，S 的理性支持并不支持 P 超过 Q。

(UR_{2C}) 在任何的例子中，S 的理性支持并不支持 P 超过 Q。

(UR_2)表述时未加限制，所以，其实际上说的是与(UR_{2C})相同。知识论析取主义者会如何回应呢？首先，它们并不拒绝(UR_{2B})。在坏的例子中，认知者的理性支持并非是事实性的，他唯一拥有的理性支持是〈看起来是P〉，而此时这个理性支持并不支持 P 超过 Q。此外，我们也能注意到(UR_{2B})所表达的观点是很微不足道的，因为怀疑论者和非怀疑论者都同意在坏的例子中知识是不可能的。其次，如果(UR_{2A})能被拒斥,(UR$_{2C}$)就能因此被拒斥。因为如果在好的例子中,我们的理性支持更有利于日常信念,那么,不可能在好与坏的情形中P和Q都受到证据的同等程度的支持。所以,知识论析取主义者的首要目标就是攻击(UR$_{2A}$)。

那么,(UR$_{2A}$)在哪里有问题呢?我们可以提出两个问题。首先,在好的例子中,针对日常信念我们所拥有的理性支持是什么?其次,在什么意义上我们的理性支持更有利于日常信念,而不是怀疑论命题?针对第一个问题,答案已经很明显。根据知识论析取主义者的主张,在好的案例中,认知者的理性支持是看到P,而该理性支持既是事实性的也是可反思获得的。但为什么我们的理性支持更有利于日常信念,而不是怀疑论命题呢?正如前面所述,当讨论知觉知识时,我们不能只顾区分型支持而忘却有利型支持。所以,即使一个人缺乏区分型支持,但如果存在有利型支持,他的全部理性支持也会有利于P。此时,我们可以看出为什么(UP$_{2A}$)是有问题的。(UP$_{2A}$)认为,在好的例子中,S的理性支持(包括区分型支持和有利型支持)并不支持P超过Q。而反对(UP$_{2A}$)的推理可以表达如下:

(A$_1$) 在好的例子中,S缺乏相信P或Q的区分型支持。

(A$_2$) 在好的例子中,S的有利型支持更有利于P(超过 Q)。

(A₃)因此在好的例子中,S 的理性支持(包括区分型支持和有利型支持)更有利于 P(超过 Q)。

下面再针对上述推理进行解释。该推理是有效的,而(A₁)是大家都接受的。(A₂)则需要进一步澄清。对于知识论析取主义者,S 对于 P 的有利型支持是事实性的。事实性的理性支持(看到 P)有利于 P 超过 Q,这是因为该理性支持直接蕴涵 P 为真,所以,此处的理性支持是最强的,是决定式的。[1] 并且由于 P 和 Q 不相容,看到 P 也蕴涵 Q 为假,所以,该理性支持也在最强的意义上反对 Q。我们从(A₁)和(A₂)成功推出(A₃),因此知识论析取主义者可以拒绝(UR$_{2A}$),也可以进一步拒绝(UR₂)。基于非充分决定原则的怀疑论论证就被知识论析取主义者反驳了。

总结来看,普理查德的知识论析取主义认为在最好的情况中,我们相信日常命题 P 是基于事实性的理由"看到 P",该理由虽然不为 P 提供区分型理性支持,却提供了有利型的理性支持,所以,我们的理性支持更偏向日常命题而非怀疑论命

---

[1] 麦克道威尔(McDowell, 2008, 378)曾评论说,我们对于知觉知识可能性的最大质疑是,知觉经验顶多只为我们提供了非决定性的理性支持。但如果在好的例子中,知觉经验提供的理性支持是决定性的,那么,我们对于知觉知识的可能性的质疑就可以因此消除。

题。这是知识论析取主义为摩尔式的断言所提供的哲学依据。而在哲学诊断的部分，知识论析取主义者认为，怀疑论者错误地限制了理性支持的种类。我们并非只有区分型支持，还有有利型支持。并且引入有利型支持也不是特设的，这种支持是普遍发生在我们日常的认知实践中的。所以，如果怀疑论是一种仅仅依赖于我们的认知实践所产生的悖论，那么，怀疑论者没有理由拒绝引入这种理性支持。我们不仅可以很好地意识到怀疑论论证的最初合理性，也会随着其错误的预设被揭露以后，避免再次陷入怀疑论的泥潭之中。

小结

本章我们首先回顾了摩尔本人的怀疑论论证及其存在的问题，然后展现了索萨基于安全性理论的反怀疑论方案与普理查德的知识论析取主义反怀疑论方案。这两种理论不仅为日常知识提供了更好的哲学解释，也给出了针对怀疑论的哲学诊断，从而消解了怀疑论引起的理智焦虑。从这两点来看，新摩尔主义无疑有了长足的进步，也展现出强大的哲学吸引力。

新摩尔主义除了其优点以外，也有些待反思的问题，让我们直接从上面的两个理论入手。就索萨的方案来看，最关键的问题在于这是一个外在主义式的方案，因此仍然带着外在主义反怀疑论方案的通病，即：虽然我们事实上拥有知识，但我们不知道我们拥有知识，或者说我们缺乏说我们有知识的权利。怀疑论者会质疑,如果我们的日常信念是安全的,那么,它也许可以成为知识,但问题是我们怎么知道我们所处的世界是一个离恶魔世界很远的世界呢?如果现实世界的确离恶魔世界很远,当然日常信念是安全的。但如果离得很近,我们的信念就不安全,也就无法成为知识。所以,要知道我们的信念能否成为知识,关键是要知道我们的现实世界是如何的。针对这个问题,索萨的方案给出的回应资源还不足。

知识论析取主义的困难在于,一方面能否为引入"看到P"给出足够好的理由,另一方面是在回应怀疑论时诉诸有利型证据的合适性问题。针对第一个问题,普理查德的策略是论证由于引入"看到P"这一状态所带来的3个难题都可以被解决,因此引入"看到P"是不产生问题的。怀疑论者也许会说,仅仅表明引入这个状态不存在根本性的哲学问题还不够,还需要表明这个状态的引入不是为了解决怀疑论问题而特设的。这一步倒是可以借助先验论证来完成,麦克道威尔(McDowell,2008,380)已经提出这一想法。① 不过这一路径能否成功还要进一步依赖于对先验论证的辩护。针对第二个

---

① 麦克道威尔的基本思路是借助下面这一先验论证来提出"看到P"这一状态的。
  (1) "知觉经验是有关于客观的环境"这一想法是可理解的。
  (2) 为了让"知觉经验是有关于客观的环境"这一想法可理解,我们必须要弄清楚一种认知上不同种类的经验。
  (3) 因此我们必须要弄清楚一种认知上不同种类的经验。

问题,我们发现在斑马案例中诉诸有利型支持是没问题的,但同样的策略能否用于怀疑论情景呢?当怀疑论者问我们为何相信自己有一双手,而不相信自己是"缸中之脑",我们可以像在斑马案例中说我生活在一个和谐的社会之中,而且没有人无聊到想要把我变成一个"缸中之脑"吗?如果按照这样的方式去使用有利型支持,是不是窃题论证呢?一种可能的回应是,我们应该区分使用有利型支持的两种方式。第一种使用方式是诉诸背景知识,而背景知识是可以独立于我们的视觉证据的。这种使用有利型支持的方式在斑马案例中特别突出,即:案例中主角可以在缺乏类似斑马的视觉经验时仍然拥有类似斑马的外观是什么、动物园一般是如何运作的,以及欺骗消费者会受到法律惩罚的背景知识。但在怀疑论情景中,这样的使用方式无疑就存在问题了,因为如果预设我们生活的环境中没有这样一个疯狂的科学家构造"缸中之脑"的世界,我们已经在回应怀疑论问题前就排除了怀疑论问题。所以,任何一个有效的反怀疑论方案都应该避免这种使用有利型支持的方式。但是,知识论析取主义者使用有利型支持的方式却是不同的,这是因为他们的有利型支持恰恰不能独立于视觉证据,即:在好的例子中一个人无法在没有视觉经验的前提下获得看到P这个理由,因此如果怀疑论者允许谈论视觉经验,也就应该允许谈论随之而来的有利型支持。这样看来,知识论析取主义者是可以回应潜在的困难的。

第七章
《论确定性》与反怀疑论

受到摩尔对常识命题讨论的启发,维特根斯坦(Wittgenstein, 1969)在其晚期著作《论确定性》一书中也对知识、确定性与怀疑等话题展开讨论。一些知识论学者从维特根斯坦的讨论中汲取了有用的资源,从而发展出反怀疑论的方案。

第一节 维特根斯坦论枢纽命题

摩尔认为自己确定地知道常识命题为真,但是,这些具有确定性的命题与传统哲学中被赋予确定性的命题不同。摩尔确定地知道真的命题,比如,地球已经存在很久远的时间,与传统意义上的确定的命题有以下一些出入:首先,这些命题是经验的,我们必须借助经验的手段才能得知,因此摩尔命题不能被先天的方式知道。其次,摩尔命题所描述的并不是个人的当下感觉经验,因此不是第一人称的,而是主体间的。也就是说,摩尔命题带有一种公共的确定性。再次,摩尔命题既不是分析的命题,也不是必然的或先天的命题。对于这类命题,摩尔宣称自己不仅不怀疑它们,还确定地知道其为真。但是,维特根斯坦认为摩尔并不知道这些命题:

> 当摩尔说"我知道……",我想回答他:"你不知道任何东西!"①

(Wittgenstein,1969,§407)

乍看起来,好像维特根斯坦与怀疑论或观念论者一样对摩尔命题持怀疑态度,但其实他要指出的是,摩尔当然对这些命题很确信,只不过这种确信并非知识,而是另一种东西,因此把这些称作知识是有问题的。② 针对摩尔命题,维特根斯坦认为这些命题是确定度最高的。正是因为这些命题的确定度最高,所以,我们从来不去怀疑它们。一旦对这些命题产生怀疑,或者是荒谬的,或者是无意义的。不过与摩尔不同,维特根斯坦认为这些命题不是知识的对象。他仍然支持传统的把知识看作是被辩护的真信念的观点,因此无论是知识还是声称自己有知识,都要求满足辩护条件,比如证据的支持与否。

---

① 有趣的是,摩尔在《证明外部世界》论文中说道,"暗示说我并不知道这些东西,而只是相信它们该是多荒谬啊"。参见 Moore(1959,146—147)。
② 维特根斯坦(1969,§308)指出,"知识"与"确定性"属于不同的范畴。

> 我是否知道某件事情要看证据支持我还是反对我。因为说人们知道自己疼痛是没有意义的。
>
> (Wittgenstein，1969，§504)

但是，基于证据的确定性顶多算是主观确定性，无法达到客观确定性。维特根斯坦将两者的差别表述如下：

> 我们用"确实"这个词表示完全信其为真，没有丝毫的怀疑，从而也想让别人确信，这是主观的确定性。
>
> 但是，某件事情什么时候在客观上是确定的？——当不可能出现错误的时候，但这又是什么样的可能性？难道错误不是必须在逻辑上被排除掉吗？
>
> (Wittgenstein，1969，§194)

既然主观的确定性是基于证据的，那就意味着我们能对支持它们的证据产生怀疑。于是，确定性还无法与知识具有实质性的差别。要让两者的差别具有实质性，就要使得主观的确定性根本不基于证据或理由。因此维特根斯坦主张，摩尔认为确定知其为真的命题虽然看起来是经验的，但却发挥逻辑的作用。在维特根斯坦这里，逻辑是与经验相区别的。我们可以把逻辑与经验的关系类比为描述测量方法和具体运用这种测量方法并取得结果之间的关系，前者是逻辑，后者是经验。逻辑是我们用来判断真假的标准和前提。维特根斯坦(1956，§56)说:"一切描述语言游戏的东西都属于逻辑。"既然逻辑是描述我们语言游戏的,就好比描述象棋规则的那些命题,它们决定了具体的某一步走子是对是错,因此去提问具体的某一步走子是否正确为经验问题,但去提问象棋规则里面描述的走法是否正确,则是对逻辑的提问,是无意义的。这是因为此处并没有进一步的标准让我们判断对错。所以,当维特根斯坦说客观的确定性的错误是被逻辑地排除的,我们可以理解为由于客观的确定性本身发挥的作用是逻辑的,因此认为这些确定的命题本身有可能出错,就像谈论象棋规则所说的走法是错误的一样,是没有意义的。或者说,客观的确定性就构成了我们得以判断对错的根基,它本身不能被谈论对错,这是由其角色和作用所决定的。

摩尔命题所充当的角色和作用,就好比使得门可以开关的枢纽(hinge)。维特根斯坦评论道:

>描述这幅世界图式的命题也许是一种神话的一部分,其角色类似于一种游戏的规则。这种游戏可全靠实践而不靠任何明确的规则学会。
>
>(Wittgenstein, 1969, §95)

我会说:摩尔并不知道他所断言他知道的事情,但这些事情对他来说是不可动摇的,正如对我来说一样。

把这些事情看作绝对稳固的东西是我们进行怀疑和探索的方法的一部分。

(Wittgenstein, 1969, §151)

也就是说,我们所提出的问题以及我们的怀疑依赖于有一些命题是被免于怀疑的这样一个事实,就好像它们是那些东西转动的枢纽。也就是说,某些东西事实上不被怀疑是属于我们的科学探究的逻辑。但情况并不是这样:我们根本不能研究一切事物,因此我们不得不满足于假定。如果我们想要开关门,枢纽必须保持不动。

(Wittgenstein, 1969, §341—343)

从枢纽的比喻来看,枢纽是为门的开与关这一任务服务的。如果没有枢纽,门的开关在方法论意义上是不可能的,这是因为门正是围绕枢纽才能打开与关闭的。摩尔命题与枢纽的作用类似,它们是我们在某一领域进行探究和提出质疑的前提,只有它们本身不被怀疑,我们才能在该领域内谈论任何的怀疑与相信。所以,只要我们不想废止我们在经验领域的探究活动,我们就必须满足于接受枢纽命题这一事实。接受枢纽命题的存在不是一种经验的概况,而是一种逻辑的要求。

虽然摩尔命题扮演的是逻辑的角色,并因此具有客观的确定性，但由于这些命题具有最高的确定度，也就没有比之更确定的命题。于是，无论是支持它还是反对它的命题都无法提供任何理性支持。我们来看这样一个例子。〈我的名字是XXX〉是一个枢纽命题，你会用下面的方式来判断它的真假吗？比如，你拿起自己的身份证仔细端详，然后推理如下：因为我的身份证上显示我的名字叫XXX，所以，我的名字是XXX。相信你并不会这么做。你更确信你的名字是XXX，并且正是因为这个证件上显示的信息正确才成为你的身份证。你是根据此枢纽命题来判断身份证的信息是否正确，而非反过来用身份证的信息来判断自己的名字叫什么。正是由于枢纽命题是确定度最高的，因此缺乏（认识论上的）根基或理由。也正是基于这一点可以发现，无论是摩尔还是怀疑论者都错误地认为我们可以理性地思考此类命题。摩尔的考察是正面的，他认为我们有证据相信枢纽命题为真；怀疑论者的考察是反面的，他认为只有知道自己不处于怀疑论情景，才能知道日常命题（其中包括枢纽命题）为真。归根结底，维特根斯坦想强调的是，枢纽命题是不能接受基于理由的考察的。

那么，基于维特根斯坦对于枢纽命题的讨论，我们可以如何发展出反怀疑论的方案呢？[①] 下面两节我们分别讨论怀特

[①] 还有一些受到维特根斯坦启发的反怀疑论方案本书没有涉及，比如 Coliva(2015)基于延展的合理性的反怀疑论方案，还有 Williams(1991)的推论语境主义、McGinn(1989)的对枢纽命题的非命题式解读。

和普理查德发展出来的方案。这两个方案都是针对基于闭合原则的怀疑论论证。

第二节 怀特基于《论确定性》的反怀疑论方案

借助维特根斯坦的思想资源,怀特(Wright,2004)发展出一种内在主义式的反怀疑论方案。该方案的主要想法是,虽然我们缺乏证据相信枢纽命题为真,但是,接受这些枢纽命题却是有理性根据的,这是因为我们有资格(entitlement)接受这些命题。[1] 资格构成一种特别的理性支持,但它不是谈论目标命题是否为真的证据型的理性支持。下面将具体展开。

怀特指出,在笛卡尔式怀疑论中,我不在做梦可以被看作一个(对于外部世界知识的)奠基石命题。一个领域的奠基石命题 P 的作用在于,如果对 P 缺少担保,我们就无法声称对该领域的任何信念拥有担保。[2] 试想如果我对过去的事情是可知的这个命题缺乏担保,那么,我何以对历史领域的一个具体的信念拥有担保呢?怀疑论者想要告诉我们的恰恰就是,我们对于奠基石命题是缺乏担保的。基本理由如下:假设我们

---

[1] 怀特所谈的资格与另外两位哲学家的区别较大,比如 Burge(1993;2003)和 Peacocke(2003)。
[2] 参见 Wright(2004,167)。这里要注意怀特对于"声称"(claim)的强调。他讨论的并非是我们是否拥有担保,而是我们是否能够声称自己拥有。如果拥有担保是一阶的认知成就,那么,怀特此处讨论的就是高阶的认知成就。

经由某种方法 M 来获得证据 E,从而为奠基石命题 P 提供担保,但我们对 E 为真的信念度不能理性地超过我们对该方法 M 被合适地执行了的信念度。或者说,如果怀疑 M 是否被合适地执行了的理由越强,我们就越有理由怀疑 E。举例来看,如果我通过电子秤为小朋友测量体重,然后电子秤显示为 12.14 公斤。此时,我相信小朋友的体重是 12.14 公斤的信念度,不应该超过我对电子秤是正常工作的、测量过程没出现错误、电子秤是合格产品等有关测量合适性等命题的信念度。①假设我要对"我不在做梦"获得任何经验的担保 E,我就必须先确保我通过可靠的方式获得了这个担保,即:我们必须区分真实地使用了方法 M 和误以为自己使用了方法 M(至少后者是肯定没有反怀疑论效力的)。要排除我们仅仅是误以为自己使用了方法 M,我就必须先有对于"我不在做梦"的担保,但这样就犯了循环论证的错误。这里的循环可以用怀特自己的担保传递失败理论来解释。假设我学习《盗梦空间》里的方法,旋转一个陀螺并且看到陀螺倒下了,因此我以为自己获得了对于自己不在做梦的担保。这里的推理可以表示如下:

(1) 我有旋转的陀螺倒下了的经验。

---

① 假设你发现电子秤是不合格的产品,或者测量时小朋友的站姿不对(一只脚站在秤的下方),或者电子秤显示电压不稳定亮起警告灯,那么,你就不应该相信小朋友的体重是电子秤所显示的数字。

(2) 旋转的陀螺倒下了。
(3) 因此我没有在做梦。

但是,该推理无法将(1)为(2)提供的担保传递给(3)。因为我是基于(1)相信(2),但(1)之所以为(2)提供担保,是依赖于我对(3)有着在先且独立的担保。毕竟(1)这个证据同时支持旋转的陀螺倒下了和我有旋转的陀螺倒下了的幻觉。只有(3)已经充当背景信息,(1)才能为(2)提供担保。但也因为(1)为(2)提供的担保是依赖于(3)的,(2)无法为(3)提供额外的担保。上面的论证不仅揭露了我无法通过旋转陀螺来为我不在做梦提供担保,还意味着任何经验的方式都无法完成这一任务,因为类似上述的论证实际上都是循环。一言以蔽之,我们无法为我不在做梦或者我没有被恶魔欺骗这样的奠基石命题提供证据型的担保(evidential warrant)。但怀特提出的关键问题是,虽然我们缺乏对于奠基石命题的证据型担保,但这是否意味着我们对于奠基石命题缺乏任何类型的担保呢?怀特认为,正因为存在一种非证据型的担保(non-evidential warrant),我们不必接受后一个怀疑论论断。他说道:

假设存在一种理性的担保,并且我们不需要依赖于证据就能获得这种担保。更好的是,拥有这种理性的担保甚至都不需要存在支持被担保命题为真的证据,无论是先验的还是经验的证据。我把它称作资格。即使在我的生活中没有表现为我知道P或者我成功地找到证据辩护P的认知成就,无论是经验的还是先验的、推理的还是非推理的,只要我有资格接受P,那么,我这么做就不用遭受理性的责备。

(Wright,2004,174—175)

可以看出,怀特拓宽了担保的范围。担保不仅包括证据型担保,还包括非证据型的资格。怀特所说的资格有以下4个关键特征。第一,一个人可以不用做任何证据式的审查就能获得这种资格。第二,资格是用来接受命题P的资格。第三,获得这种资格并不享有任何认知成就。认知成就只和获得证据型的担保有关,而我们不仅不用做证据式的审查,甚至也无法做,因此获得这种资格并不带来任何成就。第四,虽然我们缺乏相信P为真的证据,但基于资格去接受命题P却不会受到理性责备。

怀特区分了4种资格,分别是策略资格(strategic entitlement)、认知项目资格(entitlement of cognitive project)、理性思虑资格(entitlement of rational deliberation)和实体资格(entitlement of substance)。与我们的讨论最相关的是认知项目资格,其定义如下:

认知项目资格：S在一个既定的认知项目中有资格信赖一个命题P，如果

(i) P是该项目的预设。

(ii) 我们没有足够的理由相信P为假。

(iii) 要去辩护P就要涉及一些不比P更稳固的命题，并且直至无穷。因此从事某个认知项目的人，只要他承认我们有义务去辩护P，就要承诺无限后退的辩护任务，每一个任务都在尝试为前一个的预设寻找合法性。

(Wright, 2004, 191—192)

认知项目是当其成功时我们可以获得认知成就的项目。[①] 比如，当一个侦探经过细致的现场勘查和仔细的逻辑推理，最后发现了隐藏很深的罪犯身份，这当然算是认知成就。那么，(i)所说的预设是什么？怀特认为，如果怀疑P会使得你必须理性地怀疑这个项目的意义和可行性，P就是该认知项目的预设。举例来看，假设S是赛车车队的一位工程师，他要通过使用轮胎气压表测量某赛车的初始胎压。此时，S就在参与一个认知项目，而命题〈轮胎气压表是正常工作的〉则是该项目的预设。因为如果S怀疑轮胎气压表出了问题，他也会因

[①] 也可以把认知项目理解为有序对，该有序对包括一个问题和一个回答该问题的步骤。

此怀疑这个项目的可行性和意义,毕竟只使用这个有问题的轮胎气压表如何能测得准确的轮胎气压呢?所以,S对于该命题的态度必须排除怀疑,并表现为一种不可或缺的承诺(commitment)。

条件(ii)说的是,我们不需要拥有正面的证据相信P为真,而只需要缺乏充足的证据相信P为假。于是,有资格信赖P就成为默认的立场。只有当我们有充足的理由相信P为假,我们才会失去信赖P的资格。

条件(iii)说的是,如果我们尝试为预设P提供证据式的担保,就会陷入无穷倒退。因为如果我们要寻找证据来检查预设P,我们就得做出另外一些新的预设,而新的预设并不比P更加确定,反而更加可疑。不仅如此,如果从事认知项目的人还承认有义务去辩护P,就会让自己陷入一个无穷倒退的辩护项目之中。

把这些条件综合起来看,怀特在这里要表达的核心思想如下:如果一个项目对我们来说是不可或缺的,或者说该项目失败并不比不去做它的代价要高,如项目成功则会更好,而要想为该项目的预设寻找基础会导致无穷后退,那么,我们就有资格接受该项目最初的预设,即使没有任何证据支持这些预设。① 一个认知项目的预设一般要包含以下3个方面:从

---

① 参见 Wright(2004,192)。

事该项目时依赖的认知官能是正常工作的;环境是合适的,可供认知官能有效地发挥作用;进行该认知项目包括的概念有可靠性。① 任何一个认知项目都包含这3个预设,并且它们都满足认知项目资格的条件。由此可见,如果缺乏反面的理由,我们不必做任何探究性的工作就有资格去相信我们最基本的认知官能是在一个合适的环境中正常工作的。

这个结论是具有反怀疑论功效的,因为怀疑论情景被看作一些我们的认知官能无法正常工作的环境,如梦境、"缸中之脑"或恶魔。那么,对于一个依赖知觉和世界互动的认知项目,〈我不在做梦〉这个命题就成为该项目的预设,因为一旦我怀疑它,我就应该被理性地要求怀疑该项目的可行性及意义。并且我没有理由认为这个命题为假:一方面怀疑论者只是提出了一种逻辑的可能性,并非诉诸证据;另一方面如果有理由认为我在做梦也会陷入自相矛盾。② 此外,任何对该命题的探究都又反过来需要依赖这个命题。因为该命题充当了对于外部世界经验探究的背景条件,如果要想获得任何有担保的经验命题,我们就必须先预设这一命题。由于认知项目资格的3个条件都满足,结论就是当我们从事探究外部世界的认知项目时,〈我不在做梦〉就成为我们有资格去信赖的命题,而且

---

① 参见 Wright(2004,194)。
② 在第三章中索萨关于致瘫药的讨论很好地表明了这一点。

是一种理性的信赖。

对于怀疑论者来说,我们无法基于证据辩护该命题促成了怀疑论的结论。但另一方面,怀特指出这也促成了反怀疑论的结论,即:我们拥有理性的资格去接受该命题。我们就可以把这个想法扼杀在摇篮之中,即:我们没有任何理由排除我不在做梦这种可能性,而笛卡尔式的怀疑论论证依赖的一个核心前提也就被消除了。

总结来看,对于我不在做梦或者我不是"缸中之脑"这样的命题,我们是有资格去理性地信赖的。怀疑论者错误地从我们缺乏排除我不在做梦这种可能性的证据推论我们缺乏任何有关我不在做梦的担保。一旦意识到我们拥有(认知项目)资格来担保我不在做梦,怀疑论的推理就能被堵住。怀特承认自己给出的反怀疑论回答其实是怀疑论式的,这是因为他接受怀疑论的基本观点,即:我们确实没有资格说知道奠基石命题为真,因为我们没有证据相信它们为真。但这并不代表我们接受这些命题是毫无理由或非理性的。正是因为我们有非证据式的担保(资格)去信赖这些命题,我们还是可以声称自己在具体的探究领域中拥有知识或被辩护的信念。但怀特的方案只表明我们对于知识的一阶声称是拥有担保的,而要再上升一阶,就是声称知道我们拥有知识却无法实现,因为这要求我们知道认知项目的预设为真。所以,怀特虽然接纳了怀疑论的部分看法,却限制了其造成的伤害。

此外,怀特也对怀疑论的错误想法给出了诊断。怀疑论者认为,既然我们缺乏辩护地相信认知项目中的命题是不负责任的,那么,我们也要对认知项目的预设进行检查,因为缺乏证据就持有该命题是在认知上不负责任的,而只有一种完全负责任的方式才能获得稳固的信念。但是,正如怀疑论者所正确指出的那样,我们无法对预设命题提供证据式担保,坚持要超越这个辩护的局限并不会造成严格性和稳固性的增加,而只会造成认知的瘫痪。① 所以,为了避免认知的瘫痪,并使得我们的认知实践得以继续进行,我们只能理性地信赖认知项目的预设。

怀特的方案面临一个关键的难题,即:怀特给出接受枢纽命题的理由属于认知理由吗?对于枢纽命题来说,我们没有理由认为其为真。维特根斯坦、怀疑论者和怀特都同意这一点。怀特指出我们对于枢纽命题有资格接受,这种接受还是理性的。这是因为缺乏枢纽命题,我们在方法论层面是无法进行基于理由的评价的,所以,不信赖枢纽命题就会导致认知瘫痪,而认知瘫痪无疑是理性的人应该避免的结果,并且加之我们没有理由认为枢纽命题为假,那么,我们为何缺乏理由接受 P 呢?批评者的质疑是,基于资格所提供的担保算不算

---

① 参见 Wright(2004,191)。

一种认知担保呢?① 批评者认为怀特给出接受枢纽命题的理由类似于下面的案例。假设有人给我一大笔财富,并让我接受我不是"缸中之脑"这个命题,那么,我是否有理由接受该命题? 在该情景中,我当然有理由接受这个命题,因为这样做我可以获得巨额的财富。但我有理由接受该命题并不代表我有理由相信该命题为真,而这进一步导致我没有认知的理由接受该命题,而只是拥有实践的理由接受该命题。这就是说,我接受该命题仅仅表现为一种实践理性,而非认知理性。

资格是一种理性的信赖,信赖虽然免于怀疑,却与认知者对该命题的真假保持不可知论是相容的。当我们以证据型担保来理解认知担保的时候,显然认知担保要求我们必须有理由认为命题为真。在这一点上,毫无疑问我们是缺乏相信枢纽命题为真的证据的。那么,怀特所给出的资格就仅仅是一种非认知的或实践的担保吗? 一个潜在的回应是,刚才的案例是我为了实践上的收益(大笔的钱)接受我不是"缸中之脑"这个枢纽命题,这肯定与认知理由毫无关系。但怀特让我们接受类似的枢纽命题并不是为了实践的福利,而是纯粹出于认知方面的福利。难道避免认知瘫痪不是一种很有价值的认知状态吗? 既然我们以认知的方式与外部世界互动是不可或缺的活动,而该活动在方法论上又必须依赖对枢纽命题的

---

① 这一批评可参见 Pritchard(2005d)、Jenkins(2007)和 Pederson(2009)。

接受,那我们考虑的不完全是与认知活动息息相关的因素吗?

在知识论领域,真理一元论(veritic monism)主张只有真才是具有认知价值的。[①] 如果怀特的批评者也支持真理一元论,毫无疑问上述的回应是不够的。但支持怀特方案的人可以拒绝真理一元论,并转而提倡一种更加多元的认知价值观。避免认知瘫痪、提升信念的融贯性和合理性都可以被看作我们接受一个命题的认知理由。这里的讨论很自然地引向认知后果主义。因为怀特的看法可以理解为,正是由于我们信赖认知项目的枢纽命题带来的认识论上的后果只会更好、不会更差,所以,我们的选择是占优策略,也是在认识论层面获得担保。[②] 让我们期待认知后果主义的进一步研究结果,这方

[①] 或者表述如下:只有真才具有最终价值,别的认识论上的性质(如可靠性)只是由于作为达到真的手段获得了工具价值。比如 Goldman(2001)和 David(2001;2005)。在讨论知识价值的淹没难题时,真理一元论也是一个关键预设。

[②] 读者可以思考一下,假如以真理一元论为背景,是否有信赖 P 的占优策略呢?如表 3 所示,P 代表我们有资格信赖的认知项目预设。

表3 信赖与不信赖 P

	P 为真	P 为假
选择1:信赖 P 并且执行项目	很多真信念	较少真信念
选择2:不信赖 P 并且不执行	较少真信念	较少真信念

初步看来,如果我们信赖 P 并且 P 为真,那么,我们开展认知项目就(转下页)

面的进展将会为怀特的方案提供更强有力的支持。

第三节 普理查德基于《论确定性》的反怀疑论方案

在第六章中,我们已经看到普理查德是如何用知识论析取主义来回应基于非充分决定原则的怀疑论论证的。这一节所要讨论的则是他如何发展维特根斯坦的思想来回应基于闭合原则的怀疑论论证。① 为了彰显怀疑论论证的内在主义色彩,普理查德将自己所要讨论的怀疑论论证表述如下:

基于理性知识闭合原则的怀疑论论证

(CRK_1) S不能有理性基础地知道-SH。

(CRK_2) 如果 S 拥有具有理性基础的知识 E,S 可以力所能及地从 E 演绎出-SH,并且 S 以此为基础相信-SH 且保留了有理性基础的知识 E,那么,S 可以有理性基础地知道-SH。

(CRK_3) 因此 S 不能有理性基础地知道 E。②

(接上页)能在该项目涉及的领域获得许多真信念,其余情况都只能获得较少真信念或者几乎为零。但是,Pederson(2009)指出,如果避免错误的信念也有价值,信赖 P 就不再是占优策略。可见信赖 P 是否能从占优策略角度获得支持依赖于哪些状态具有认知价值。

① 虽然这两方面的讨论看起来是独立的,但这也进一步促成了普理查德对怀疑论的统一解答。关于这一点可参见 Pritchard(2015)。

② 参见 Pritchard(2015,22)。

普理查德(Pritchard)

该论证的(CRK$_2$)是理性知识的闭合原则。与闭合原则相比,该原则更强调知识所拥有的理性基础。普理查德认为,基于理性知识闭合原则的怀疑论论证预设了理性评估的普遍性论题(the universality of rational evaluation thesis),即:原则上一个人的理性评估的范围是没有界限的。[1] 这一论题说的是我们的理性评估活动,比如提供评价以及衡量相信(或不信)一个命题的理由的活动,并不对一个命题是否可知加以限制。或者说,只要我们最开始的时候有理由相信命题 P,那么,该命题的任何逻辑后承 Q 都是可以被理性评估的。毕竟我们没有理由认为从 P 到 Q 的逻辑推理会动摇我们相信 P 的理由。通过逻辑推理,我们获得对 P 的逻辑后承的理由。举例来说,如果我基于央视新闻报道从而相信〈丁宁赢得了 2016 年里约奥运会乒乓球女单冠军〉,并且我从该命题演绎出另外一个命题〈中国队获得了一块金牌〉,此时,我如何可能缺少相信〈中国队获得了一块金牌〉的理由呢?至少最开始我拥有的央视新闻报道的证词以及两个命题之间的逻辑关系都是相信〈中国队获得了一块金牌〉的理由。由此看来,如果理性评估的普遍性论题是真的,从一个日常命题的理性评估过渡到对反怀疑论命题的理性评估就是被允许的。普理查德要反对的正是这样一个论题,而他借助的资源则是来源于维特

---

[1] 参见 Pritchard(2015,55)。

根斯坦。

维特根斯坦讨论了枢纽命题,而普理查德进一步对枢纽命题进行了分类。他区分了3种枢纽承诺,即超级枢纽承诺(über hinge commitment)、个人枢纽承诺(personal hinge commitment)和反怀疑论枢纽承诺(anti-sceptical commitment)。① 普理查德用"承诺"表示认知主体与枢纽命题之间的命题态度。承诺的态度与相信的态度是不同的。在普理查德的理解中,信念本质上是相信某命题为真,并且信念态度是对证据和理由敏感的。也就是说,随着证据力度的变化,我们对于一个命题的相信态度会随之变化。但是,枢纽命题由于其确定度最高,别的更不确定的命题无法为它提供正面或反面的理性支持,所以,我们对于枢纽命题的态度也就不会对证据和理由产生任何的回应。用"承诺"这个词表示我们对于枢纽命题的接受,一种不是基于理性考虑的接受。

超级枢纽承诺的是一个人的信念中不会有彻底或根本性的错误。② 这一承诺是最普遍的枢纽承诺,不过该承诺可以用

---

① 参见 Pritchard(2015,95—97)。
② 如何理解这一承诺也是值得讨论的。维特根斯坦在这里说的并不多,但是,参照戴维森对于宽容原则(principle of charity)的讨论,这一承诺不应该理解为信念中大多数的命题为假。这是因为很难计算我们拥有的信念的数量,也就无从谈论是不是大多数信念为假。一种比较可行的理解方式是,如果我们形成信念所用的主要方式是有问题的,比如基于官能失常的知觉或错 (转下页)

遍性论题就应该被放弃。

其次,基于理性知识闭合原则的怀疑论论证是不成立的。让我们先比较下面两个原则。

（CRK_2）如果 S 拥有具有理性基础的知识 E,S 可以力所能及地从 E 演绎出 -SH,并且 S 以此为基础相信 -SH 且保留了有理性基础的知识 E,那么,S 可以有理性基础地知道 -SH。

（CRK）如果 S 拥有具有理性基础的知识 P,S 可以力所能及地从 E 演绎出 Q,并且 S 以此为基础相信 Q 且保留了有理性基础的知识 P,那么,S 可以有理性基础地知道 Q。

（CRK）是理性知识闭合原则,而（CRK_2）看起来正是（CRK）的一种用法。这种用法的特点是,将日常命题代入 P,而将反怀疑论命题代入 Q。（CRK_2）刻画了一种在我们的日常知识与否定怀疑论之间的理性评估。如果（CRK_2）是被理性知识闭合原则所允许的,那么,我们或者要拒绝理性知识闭合原则,或者我们必须要承认自己缺乏有理性基础的知识。这两个出路看起来都不很令人满意。但普理查德指出,（CRK_2）的问题在于 S 无法基于自己具有理性基础的日常知识形成一个有关反怀疑论命题为真的信念。这里的关键在于,我们对于反怀疑论命题的态度并非是一种有知识倾向的信念(knowledge-apt belief)。什么是有知识倾向的信念呢?我们可以注意到,当我们讨论信念时,知识论学者最感兴趣的是有知识倾向的信念。有知识倾向的信念以真为其目标。[1] 也就是说,我们应该对一个真命题持有相信的态度,并且不对假命题持有相信的态度。如果我们缺乏相信一个命题为真的理由,我们就不应该对该命题持有(有知识倾向的)信念态度。对于反怀疑论命题我们也持有命题态度,但这种态度是什么呢?是有知识倾向的信念态度还是承诺呢?维特根斯坦已经指出,由于我们缺乏对于枢纽命题为真的理性支持,枢纽命题在原则上是不可知的。普理查德对于枢纽承诺采取一种非信念的解读,他认为我们永远无法知道枢纽承诺,并且我们也无法谈论枢纽信念,这是因为有知识倾向的信念必须要对理性的评价有所回应。但我们对于枢纽命题的态度却超出了理性评价的范围,因此也失去了最核心的知识论旨趣。所以,无论我们对于枢纽命题采取什么态度,这种态度都不可能是有知识倾向的信念态度。基于这一解读,普理查德认为(CRK_2)是有问题的。我们对于反怀疑论命题的承诺从来都不是理性考察的结果,因此我们不可能从有理

---

[1] 支持这一解读的学者可参见 Shah, Velleman(2005)、Boghossian(2003)和 Wedgewood(2002)。

性基础的日常知识出发,借助力所能及的演绎,从而获得对反怀疑论命题的(有知识倾向的)信念。虽然(CRK_2)是错误的,但这不是由于(CRK)为错,而只是由于我们错误地把作为枢纽命题的反怀疑论命题放入(CRK)之中。这种误用造成的结果就是(CRK)。我们应该注意的是,(CRK)只允许我们在可理性考虑的命题范围之内运用。一般的日常命题是可以经受理性考虑的,但枢纽命题却不行。

总结来看,普理查德的反怀疑论方案有3个主要优点。首先,该方案通过拒斥怀疑论论证捍卫了具有理性基础的知识可能性。这就意味着不仅知识是可能的,我们还可以拥有具有理性基础的知识,因此该方案弥补了外在主义方案的短板。其次,该方案虽然通过拒绝(CRK_2)来拒绝基于理性知识闭合原则的怀疑论论证,却发现了(CRK_2)与理性知识闭合原则(CRK)之间的理论间隙,从而成功地保留了具有高度合理性的理性知识闭合原则。在这一点上该理论优于德雷斯基和诺奇克的方案。再次,该方案还提供了对于基于理性知识闭合原则的怀疑论论证的诊断。一方面,该诊断指出理性评估的普遍性论题是错的。由于理性评估只能在一个预设了不被怀疑的枢纽命题中的系统内进行,因此理性支持只能是局部的。另一方面,该方案也指出我们对于反怀疑论命题的态度并非是(有知识倾向的)信念,而只是承诺。承诺的态度是无法经受理性评估的,因此我们不能通过演绎的方法从日常知识获得对反怀疑论命题的理性支持。

小结

本章我们介绍了维特根斯坦在《论确定性》一书中对于枢纽命题的讨论。他指出枢纽命题是我们进行怀疑和提问的方法论前提,并且枢纽命题本身虽然具有经验形式,却发挥逻辑的作用,因此是不可错的,也无法获得理性的支持。受到维特根斯坦的启发,怀特发展出自己基于"资格"的反怀疑论方案,并指出我们有资格信赖枢纽命题,因此接受这些命题不是非理性的,也不用面对怀疑论者的批评。

普理查德注意到理性评估的非全局性,他把认知者对于枢纽命题的态度看作非信念的态度,并且借助承诺与信念的区分指出怀疑论者对于理性知识闭合原则的误用,从而消解了怀疑论攻击。

这些方案都继承了维特根斯坦的洞见,并且在当代知识论框架下得到进一步拓展和细化,最终展现了反怀疑论的价值。毫无疑问,基于《论确定性》一书反怀疑论是当代知识论回应怀疑论的一个有影响力的流派,并值得我们进一步关注和讨论。

第八章
解释主义与怀疑论

本章我们介绍解释主义（explanationism）的反怀疑论方案。读者也许已经发现，本书中除了知识论析取主义，大部分反怀疑论方案都针对的是基于闭合原则的怀疑论论证。但正如第二章所指出的那样，两个怀疑论论证都为怀疑论结论提供了很好的支持，因此不能忽视其中任何一个。解释主义主要考察的是基于非充分决定原则的怀疑论论证，这有助于弥补现阶段研究的不足，使得反怀疑论的局面更加平衡。让我们回顾一下基于非充分决定原则的怀疑论论证。

基于非充分决定原则的怀疑论论证

(UP_1) 如果 S 的证据 E 并不支持 P 超过 Q，并且 S 知道两者的不相容，那么，S 的证据 E 不足以为 S 相信 P 提供辩护。

(UP_2) S 的证据 E 并不支持 P 超过 Q，并且 S 知道两者的不相容。

(UP₃）所以，S 的证据 E 不足以为 S 相信 P 提供辩护。①

让我们假定 E 是一个人的知觉证据，而针对 E 我们分别有 CS 和 RK 两个假说。CS 假说认为这些知觉证据是由我们外部世界中的日常对象引起的，所以，CS 是关于我们知觉证据的日常情境假说，或者说是反怀疑论者提出的假说。RK 假说认为这些证据是在一个怀疑论情境中获得的，所以，RK 是关于我们知觉证据的怀疑论情境假说。此时，我们可以将基于非充分决定原则的怀疑论论证重新表述如下：

（1）如果 E 对 CS 的支持并不超过 RK，并且我知道 CS 和 RK 是不相容的，那么，E 就无法为我选择 CS 做出充分的辩护。

（2）E 对于 CS 的支持并不超过对 RK 的支持，并且我知道 CS 和 RK 不相容。

（3）所以，E 无法为我们选择 CS 做出充分的辩护。

第一节 解释主义

解释主义的大致想法是这样的。上面论证中的（2）是有

---

① 这一论证形式参见 Pritchard(2005a,40)。

问题的。这是因为,虽然我们的经验证据 E 对 CS 的支持不超过 RK,但我们有更多的因素需要思考。而一旦我们把这些因素考虑进去,日常情境假说 CS 就比怀疑论情境假说 RK 更好。并且由于日常情境假说 CS 最好地解释了我们的诸多经验证据,因此 CS 假说是真的,而 RK 假说是假的。所以,我们应该理性地选择 CS 而不是 RK。

根据前面对解释主义的概述,我们发现解释主义的基本思路和最佳解释推理有密切联系。那么,什么是最佳解释推理呢? 按照彼得·利普顿(Peter Lipton)的观点来看,"能提供给我们最深入理解的解释也就是最可能为真的解释"。① 根据威廉姆·莱肯(William Lycan)的表述,最佳解释推理有着如下的形式:

$F_1, F_2, \cdots, F_n$ 是需要解释的事实。
假说 H 解释了 F_i。
没有任何与 H 竞争的假说能同等地解释 F_i。
因此 H 是真的。

(Lycan,2002,413)

在莱肯概括的基础上,我们可以进一步追问 3 个问题,从

---

① 参见 Lipton(2004,61)。

而理解最佳解释推理是如何运作的。首先,我们有一些需要解释的事实。在怀疑论的案例中,需要解释的东西具体是什么呢?我们需要解释的是一个认知者所拥有的感觉经验。根据邦久的看法,我们需要解释如下3个关于感觉经验的特征:

(1) 当我们用同一种感官感知一个对象时,所获得的不同感觉经验之间是连续的;

(2) 我们基于不同的感官获得的经验内容之间有协调性;

(3) 我们在移动时拥有有规律、可重复且统一的关于不同物体的感觉经验。①

(BonJour,2003,88—91)

当然,待说明的感觉经验的特征可能有很多,不过重要的是,这些特征一定要是大部分认知者所承认的,否则在我们看来这个特征有可能并不成为事实,因而不能充当被解释项。

其次,一个假说是如何对事实进行解释的?简单来说,一个假说通过让我们理解 F_i 从而解释 F_i。这里我们对 F_i 的理解包括为什么 F_i 会发生,以及为什么 F_i 拥有我们所发现的

---

① 在原文中邦久列举了8条性质,这里仅仅节选其中3条来展示亟待解释的感觉经验的特征是什么。

一些特征,等等。可以发现,这里的解释都是针对回答一些"为什么"的问题(why questions)。对于什么是解释有许多看法,不过这里并不影响我们的讨论。因为解释主义所要求的只是说,给定一种关于解释的看法,我们需要展示为什么CS比起RK能够更好地完成解释的任务。

再次,一个假说满足什么条件可以实现最佳的解释呢?这里涉及最佳解释的标准是什么的问题,我们可以参考詹姆斯·毕比(James Beebe)列出的11个标准。

(i) 本体论的简单性。在其余情况相同的条件下,如果一个理论所预设的实体数目或实体种类比另外一个理论少,那么,这个理论就拥有本体论的简单性,应该被优先选择。

(ii) 解释的简单性。在其余情况相同的条件下,如果一个理论所预设的初始解释项比另外一个理论少,或者该理论的结构更加简洁,或者该理论引出的待解释问题更少,那么,这个理论就拥有解释的简单性,应该被优先选择。①

(iii) 心理上的简单性。在其余情况相同的条件下,

---

① 转引自 Beebe(2009,609)。基于初始解释项刻画解释简单性参见 Lycan(2002,415),基于该理论引出待解释问题更少刻画解释简单性参见 Harman(1992,202)。

如果一个理论提供的解释项与被解释项之间的关系更容易被理解，那么，我们应该优先选择这个理论。

(iv) 解释广度。在其余情况相同的条件下，一个理论能解释更多的现象，那么，这个理论就应该被优先选择。

(v) 解释深度。在其余情况相同的条件下，如果一个理论能提供更有深度的解释，那么，这个理论应该被优先选择。

(vi) 与背景信息相融贯。在其余情况相同的条件下，如果一个理论与那些被广泛接受的理论或背景知识更匹配，那么，这个理论应该被优先选择。

(vii) 内在可行性。在其余情况相同的条件下，如果一个理论本身更可行，那么，这个理论应该被优先选择。

(viii) 避免特设性成分。在其余情况相同的条件下，如果一个理论本身包含更少的特设性成分，那么，这个理论应该被优先选择。

(ix) 保守性。在其余情况相同的条件下，如果一个理论所要求我们做出的改变较少，那么，这个理论应该被优先选择。

(x) 谦虚性。在其余情况相同的条件下，如果一个理论在逻辑上是更弱的，即：它是被别的理论所蕴涵，而非蕴涵别的理论,那么,这个理论应该被优先选择。①

(xi)可检验性。在其余情况相同的条件下,如果一个理论拥有更多可检测的结论,那么,这个理论应该被优先选择。

(Beebe,2009,609—610)

上面所列的最佳解释标准可以被看作一个理论在解释方面的美德(explanatory virtue)。这些美德具有程度性,并且由于互相之间可能存在冲突,从而需要被综合地考虑。当解释主义者罗列出最佳解释的标准以后,接下来最核心的任务就是表明,为什么 CS 相比 RK 来看会拥有上述的一条或几条特征。当然,如果 CS 相对于 RK 来说能够提供更好的解释,那么,我们选择 CS 就是有理性根据的。

第二节 解释主义反怀疑论

如何表明 CS 提供的解释更好呢?我们可以看一下乔纳森·沃格尔(Jonathan Vogel)的论证。首先他给出一个例子,在这个案例中,有一位历史学家麦克斯是研究祭坛装饰品艺术的。他对目前手上的证据给出的一个最好的解释是,这些

---

① 转引自 Beebe(2009,610),原文出处 Quine,Ullian(1978,68)两人对于谦虚的另一种解释是,如果某理论预测将要发生的事件是更平常和更熟悉的,也更加不出乎意料,那么,该理论就是谦虚的。

装饰是由两个人画的,因此在第一阶段他的假说我们可以称为 CS_1。但是,随着他对证据的深入思考,他逐渐意识到一个更好的解释可能是这些装饰品是由一个人在很长的时间段之内完成,这个假说我们可以称为 CS_2。注意到 CS_2 比 CS_1 更优,是因为 CS_2 对所有证据的解释力更强。这样的例子在实际生活中很多,因此具有相当的合理性。基于这个例子,沃格尔给出如下一个反对 RK 假说的归谬论证:

(1) 假设 CS_2 和 RK 对于我们的考古证据 E^* 给出了一样好的解释。(归谬前提)

(2) CS_2 比 CS_1 更好地解释了我们的考古证据 E^*。(上面例子规定)

(3) 那么,RK 就比 CS_1 更好地解释了我们的考古证据 E^*。[由(1)和(2)得出]

(4) 但是,RK 并不比 CS_1 能更好地解释我们的考古证据 E^*。

(5) 所以,RK 不可能与 CS_2 一样好地解释我们的考古证据 E^*。

(Jonathan Vogel,2008,544)

这里需要解释一下(4)。根据前面的讨论,我们可以发现

RK 假说的特征是它宣称与 CS 假说一样好地解释我们的证据,并且 RK 假说很谦虚,它也从不主张它会比 CS 好,所以,(4)就是展示了这一想法。根据这个归谬论证,是否沃格尔就可以证明 RK 和 CS 对证据的解释力不可能持平呢?

怀疑论者可以反对(4),并坚持说 RK 的确是比 CS_1 优越的,这是因为与 CS_2 解释力持平的其实是一种改善了的怀疑论假设(improved sceptical hypothesis),我们不妨将其简写为 ISH。[①] ISH 仍然属于怀疑论假设,不过它需要满足两个条件,即:首先,它需要对应拥有 CS_2 里的基本元素;其次,它需要映射一些 CS 中元素之间的属性、关系以及解释性的概括。简而言之,就是 ISH 与 CS_2 要同构(isomorphic)。如果 ISH 与 CS_2 同构,加之 CS_2 与 CS_1 不同,那么,ISH 就与 CS_1 不同构,因此 ISH 的解释力自然就比 CS_1 高,怀疑论者可以以此为根据反对(4)。但是,两个理论的结构相同是否意味着二者解释力持平呢?这个想法是存在问题的。设想 CS_1 有另外一个同构的竞争假说 CS^*,它们对于 E^* 的解释分别如下:

CS_1:在时间 T_1 之前画匠 P_1 完成了一部分祭坛艺术创作,而在时间 T_2 画匠 P_2 完成了剩余的部分。

[①] 参见 Vogel(1990,660)。

CS^*：在时间 T_1 之前画匠 P_1 完成了一部分祭坛艺术创作，而在时间 T_2 白素贞完成了剩余的部分。

虽然 CS_1 和 CS^* 是同构的，不过后者的解释力并不如前者。首先，后者设定了白素贞，而我们的背景证据表明，这只是一个文学作品的虚构对象，因此并没有白素贞可以在 T_2 出现从而完成祭坛艺术的创作。如果我们还有其他证据表明，画匠 P_2 活跃在那个时期，并且完成了另外一些艺术创作，那么，CS^* 对于 E^* 的解释效果明显不如 CS_1 好。由这个例子我们可以看出，影响一个假说的解释力的因素并不只是假说的逻辑结构，更重要的是假说的内容。即使两个假说同构，其中一个的内容更简单或者更能符合我们的背景证据，该假说的解释力自然就会更好。因此怀疑论者进行辩护所依赖的预设就有了问题，他们也就无法合理地反对(4)。这里的结论看似支持沃格尔的归谬论证，但怀疑论者却可以质疑，如果假说的内容更符合我们的背景证据，就会使得假说的解释力更强，而我们诉诸的背景证据又是日常假说的一部分，因此是对怀疑论不公平的，因为我们犯了窃题论证。所以，即使该论证中的(4)是可以被辩护的，对于怀疑论的回应也还不够。但沃格尔至少指出一点关键所在，就是 RK 要想与 RWH 一样对感觉经验做出同等程度的解释，最简单的方式就是实现与 RWH

同构。①

困难在于即使ISH保持与RWH同构,也无法拥有和RWH同样的解释美德,我们来看沃格尔的另外一个论证。他指出,在RWH中一个重要的组成部分是我们赋予日常对象空间的性质和关系,如果ISH要成为可替换RWH的合适的假说,非空间的性质和关系也需要能够提供解释。为了让讨论更加清晰,我们构造下面的散步案例。

散步案例

S有如下的感觉经验:自己再一次来到人民公园内散步,她昨天是按照公园规划好的路线,先从a处进入公园,再从a处径直走到b处荷塘,最后径直走到出口c处。今天公园新开辟了一条直接从a到c处的道路,她按照正常的速度走完后,发现从a到c处的感觉经验的时长要短于从a到b再到c处的感觉经验的时长。②

当我们基于RWH来解释上面的感觉经验时,我们可以说a,b,c是3个实在的地点,三点具有真实的空间位置L_a,L_b

---

① 这里的RWH是沃格尔的称呼方法,意指"real world hypothesis",阅读时可与上文的"CS"进行替换。
② 在该案例中,我们还得假设S的步行速度是恒定的,并且没有别的因素影响她的速度。

和 L_c。此时有三角不等式的必然真理,即:从 a 点到 b 点再到 c 点的距离大于从 a 点到 c 点的距离,可以表达为距离(a,b,c)大于距离(a,c),让我们称之为 T。① 我们可以借助这个必然真理来解释为什么 S 从 a 走到 b 再走到 c 要比从 a 走到 c 花费的时间更多。改善了的怀疑论假设 ISH 想要实现与 RWH 的同构,就得对应地预设 a^*,b^*,c^* 这 3 个虚拟对象,三者具有一种非空间的位置 L_{a^*},L_{b^*} 和 L_{c^*},并且三者具有非空间的关系。当 RWH 基于必然真理 T 来解释为什么 S 从 a 走到 b 再走到 c 要比从 a 走到 c 花费的时间更多时,并不需要额外的工作,因为这是该定理的逻辑后承。但是,ISH 如何解释从 a^* 到 b^* 再到 c^* 的伪距离大于从 a^* 到 c^* 的伪距离,或者表达为距离*(a^*,b^*,c^*)大于距离*(a^*,c^*)呢?如果 ISH 不解释这一点,该理论在解释力上就无法与 RWH 相持平;但如果 ISH 要尝试解释这一点,却不能诉诸 T,因为理论 T 只能解释真实空间具有的几何性质,却不能解释不占据真实空间的对象。

假设具体的怀疑论情景是被电脑控制的"缸中之脑",那么,ISH 的同构解释也许是诉诸 T^*,也就是距离*(a^*,b^*,c^*)大于距离*(a^*,c^*)。但是,沃格尔认为理论 T^* 实际上说

---

① 在这个语境中,我们把 S 在公园里所走的路大致看成直线,并且 3 个点大致在一个平面上。

的是电脑信号所具有的规律,而这种规律是依赖于电脑的一种偶然配置,因此这个经验的规律就并不与RWH中的任何成分相对应。于是,ISH就比RWH多了一个理论设定,因此也是更复杂的,应该基于解释的简单性标准被舍弃。他的整个论证过程可以归纳如下:

(1) 关于空间-几何的性质有必然的真理,但针对非空间-几何的性质却没有对应物。

(2) 这些必然真理参与了我们对于空间-几何性质的解释之中。

(3) 如果非空间-几何的性质要完成用空间-几何性质进行解释的功能,那么,只能寻求用经验的规律性替代必然真理,从而完成解释。

(4) 这种替代的解释的简单性会弱于日常解释,因此是较差的解释。

(Vogel,2008,549)

如果上述论证成功,那就意味着ISH比RWH缺乏解释的简单性,因此就解释性美德来说是不足的。但是,马修·基佛德(Matthew Gifford)对此论证提出一个反对论证。该反对论证如下:

(5) 我的经验展现了一种模式或规律性 ø。

(6) 我的经验展现 ø 或者是必然的，或者不是。

(7) 如果我的经验展现 ø 是必然的，那么，RWH 和 ISH 两者就解释为什么我的经验展现 ø 来说是持平的。

(8) 如果我的经验展现 ø 是偶然的，那么，ø 就是由于一个偶然的因果-历史链条导致的。

(9) 如果 ø 是由于一个偶然的因果-历史链条导致的，那么，对于我的心灵的一个因果-历史描述就可以给出完整的解释。

(10) 如果对于我的心灵的一个因果-历史描述就可以给出完整的解释，那么，解释 ø 不需要诉诸必然真理。

(11) 如果解释 ø 不需要诉诸必然真理，那么，RWH 也就不诉诸一个 ISH 不能诉诸的必然真理。

(12) 如果 RWH 不诉诸一个 ISH 不能诉诸的必然真理，那么，两者就解释 ø 来说是同等的好。

(13) 所以，RWH 和 ISH 就解释 ø 来说是同等的好。

(Gifford，2013，701)

基佛德的论证大意是这样的。当我们的经验中展现出某种规律，比如，我从未有过两个物体重合在一起的经验，或者是上面的散步案例中的感觉经验。如果这种经验中的规律 ø 是必然如此的，那么，RWH 和 ISH 都可以解释说因为经验不可能不展现ø,并且由于必然的东西无论是在现实世界还是可能世界都为真,所以,即使在怀疑论情景中也是可以用来解释的。在这一点上两个理论是持平的。如果规律ø不是必然如此,那么,ø一定是由某物引起的,就可以寻求偶然的因果事实来解释ø。这里所说的并非是必然真理在这里对于解释ø不必要,而只是说不充分。因为一旦必然真理的解释是充分的,ø就会成必然的了。如果有某些偶然的因果事实来解释ø,并且ø说的是我们的知觉经验中的规律,那么,给出一个关于某人心灵的因果-历史描述也就可以完全解释ø了。① 一个人的心灵的因果-历史当然是偶然的,并且不会诉诸必然真理。而一旦必然真理不在解释项之中,就不存在RWH可以使用而ISH不能使用的局面,这样两者就解释ø来说是持平的,并没有谁更简单。那么,ISH提供的因果-历史解释会比RWH复杂吗?基佛德认为并非如此,因为管控计算机的自然定律会比RWH所设定的自然定律简单很多,毕竟后者要解释的是整个宇宙,而前者只用解释一台计算机状态的转变,涉及的解释工具就会更少。

---

① 基佛德(Gifford,2013,699)在这里引入"是"与"显示"(is-appeargap)的区分,即:某个心灵之外的对象拥有心灵以外的性质并不蕴涵在我经验中该对象就有这些性质。一个完全的因果解释在基佛德看来必须使得解释项蕴涵被解释项。因此我眼前有一本书并不蕴涵我看到眼前有一本书,要使得这本书的性质(在我眼前)变成我的经验的性质,除了一本书在我眼前,还需要另外一些事实,比如我的眼睛睁着、房间内有足够的光等。

基佛德的确对沃格尔的方案提出了挑战,但该挑战依赖的前提(11)却是容易遭受攻击的点。麦卡恩(McCain,2016)就对这一点提出了挑战。他指出(11)的主要问题在于,它混淆了对于 ø 提供解释的最好的 RWH 和当下的 RWH。即使当下的 RWH 可以不借助必然真理来解释 ø,不代表最好的 RWH 会不借助必然真理来解释 ø。我们可以借助下面的案例来帮助思考。

三仙归洞

三仙归洞是中国传统戏法,该戏法由 1 根筷子、2 个碗和 3 个球组成。该戏法的第一步是,桌上放着 3 个球,然后我们用一个碗盖住一个球,再用另外一个碗盖住另外一个球。初学者重复几次后会发现,每次完成第一步后就有一个球遗漏在外面没有被碗盖住。

我们把上述案例中经验所展示的规律称为 B。那么,如何解释 B 呢?这也许可以被 B^* 解释,即:在桌上有一个球一直没有被盖住。而 B^* 又可以进一步被 B^{**} 解释,即:因为如果每个碗盖一个球,在数量上 2 个碗小于 3 个球的数量。B^{**} 是一个必然真理,它可以解释 B^*,而 B^* 可以继续解释 B。也就是说,当我们解释 B 时,如果解释项包括 B^{**},就比仅仅包括 B^* 来说提供的解释更好,因为后者提供的解释中 B^* 成为未被解释的项。如果对于 B 的完整的解释需要包括类似 B^{**} 一样的必然真理,基佛德认为完整的解释可以不包括必然真理的观点就是错的。如果 RWH 需要诉诸 B^{**} 才能提供完整的解释,那么,ISH 是否能够构造对称的解释呢? 比如,用 B^S 来解释 B,即伪桌上有一个伪球一直没有被伪盖住。① 又用什么来解释 B^S 呢? 是否用 B^{**} 的对应物 B^{SS} 来解释? 假设 B^{SS} 说的是数量上两个伪碗小于 3 个伪球的数量,B^{SS} 在什么意义上可以解释 B^S 呢? 麦卡恩认为伪球和伪碗都只是电脑信号引发的心灵状态,而两者之间的关系与真实的球被真实的碗盖住的关系是差别很大的,所以,用 B^{SS} 来解释 B^S 是很难说清楚的。不过我认为这里隐藏着这样一个问题:当麦卡恩认为在 RWH 中球被碗盖住具有解释效力,而伪球信号被伪碗信号盖住不具有解释效力时,预设了我们需要解释的是对象之间的物理关系,而非信号之间的数据关系。如果我们需要解释的是后者,那么,原则上借助伪球信号和伪碗信号之间的信号叠加或干涉关系并非没有解释力。当然,要寻找在 ISH 中对应 RWH 的必然真理并不容易,要回答清楚这个问题,需要支持 ISH 的人进一步给出回应。因为如果不找出 ISH 中对应的必然真理,只诉诸单次或多次因果-历史链条

---

① 这里对于 B^S 的描述甚至可以进一步修改,甚至对"有"、"一直"等词汇都可以进行怀疑论改写。这个细节我们不用过于在意。

的描述，ISH假说在解释的深度上就会是较弱的。① 于是，关于RWH和ISH两个假说谁更简洁的争论就会转移到哪个假说提供的解释更深这个话题上。限于本书的篇幅，对于论证中细节的讨论就止步于此。

总结来看，解释主义对于怀疑论的回应包含两个主要成分：首先是基于最佳解释推理的标准来论证RWH比ISH提供了更好的解释（如RWH的解释更简单），其次是基于最佳解释推理来为我们选择RWH假说提供认知辩护，从而让我们可以回应基于非充分决定原则的怀疑论论证。该方案同样给出两个针对怀疑论的诊断。第一，经验等同（empirical equivalence）不蕴涵非充分决定。即使两个假说在经验上等同，二者的解释性因素是可以存在差异的，因此不是被非充分决定的。也就是说，即使两个假设在经验上是相同的，也不意味着证据同等地支持二者。② 第二，怀疑论论证的确让我们意识到关于证据的一个重要特色，即我们没有反驳怀疑论的直接证据，但这并不代表我们的证据仅仅限于直接证据。除了

---

① 这是因为在科学哲学中有一种看法，解释的深度是与解释的抽象性有关的。比如，Weslake(2010,284)指出，一个解释可以应用的范围是它的解释深度的重要参考标准。也可参见Putnam(1973)。当我们的解释越依赖于刻画具体的因果-历史链条，这个解释就越情景化，或者说越浅。如果解释诉诸的是抽象的定律，这样的解释就可以运用于更多类似的情况，其解释也就越深。
② 这个想法在科学哲学中已经有比较充分的讨论，代表性的可参见Laudan, Leplin(1991)。

直接证据以外,知识论析取主义者发现了有利型支持,解释主义者发现了理论的解释性美德。这些非直接证据的因素都为我们的理论选择提供了进一步的理性支持。

第三节 解释主义反怀疑论方案的困难

解释主义对于怀疑论的回应方案是否可行呢?虽然沃格尔的方案有一定的说服力,但如果要辩护解释主义的反怀疑论进路,解释主义者需要进一步面对以下3个批评。

首先,由于解释主义依赖最佳解释推理,对于最佳解释推理的批评基本都能应用于解释主义的方案。这里我们可以挑选范弗拉森的一个重要批评。范弗拉森指出,即使一个假设在所有竞争对手中最佳,但也不意味着该假设就是真的,因为它可能是一堆糟糕的假设之中最好的那个。如果要论证该假设为真,我们至少要先验地相信在这一堆假设之中最好的假设可能为真,我才能推断说我们挑选出来的那个最佳假设可能为真。① 这一批评可以称之为"最好的糟粕"。当然,我们所追求的是精华而不是糟粕,即使是最好的糟粕,对于我们来说也是没有太大价值的,可是怎样表明 CS 不是最好的糟粕呢?也许解释主义者可以辩护说,一个假说的形成并不是随意的。提出假说的人大部分都是严肃认真的科学家或科学家团体,

---

① 见 van Fraassen(1989,143)。

并且有一定程度的证据支持。因此我们首先会根据背景知识来筛选潜在的竞争理论,而那些糟糕的理论早就被我们淘汰了,不会还留在我们的竞争圈之中。不过这样的回答在回应怀疑论的时候,有着明显的缺陷。因为我们所根据的背景知识不能是经验的知识,否则我们就诉诸那些需要被辩护的知识,因此会被诟病为窃题论证。如果不能依赖我们已有的经验知识,那么,我们只能凭借先验的因素来筛选竞争理论,可是这一步又怎样实现呢?如果这方面没有切实可行的方案,这个批评对于解释主义者来说暂时是无法回应的。

其次,即使我们忽略不计针对最佳解释推理的批评,解释主义还需要额外注意回应怀疑论的有效性问题。在解释主义者运用某些最佳解释的标准来辩护 CS 时,需要注意的一个问题是,某些标准不是认知的因素,而是实践的因素。比如上面提到的保守性,因为保守性关心的是我们所需要做出的信念变更有多大,而不是一种严格的根据证据来行事的认知抉择。并且信念变更的程度取决于我们已经持有的信念,所以,这样看来 CS 自然比 RK 更占优势,因为大部分人已经持有的日常信念是更接近 CS 假说的。不过这种想法具有相当的危险,因为如果我们本来的信念就有很多错误,与错误信念更接近的假说难道就更有希望是真的吗?而与错误信念相差甚远的假说就因此是错的吗?由此可以看出,保守性标准其实并不以真理的获得为目标,而是以原有信念的保留为目标,因此即使这个立场在科学研究的时候价值很大，在反驳怀疑论的时候却难以起到作用。认识到这一点，彻底怀疑论者会指出，他们所反对的核心问题是，我们对于 CS 的选择是有认知辩护的，因此如果反怀疑论者回答说我们对于 CS 的选择可以获得其他种类的辩护，即非认知的辩护，那么，这种回答是不适合的，并没有切中怀疑论的要害。认知的辩护有什么要求呢？一种主流的观点是，一个辩护算作认知辩护当且仅当它能帮助实现我们的认知目标。对于我们的认知目标来说，许多当代知识论学者认为是真信念的最大化以及错误信念的最小化。[①]所以，以真作为信念的首要目标就成为认知辩护的核心内容。如果一种辩护要能成为认知辩护，它就必须帮助我们更好地实现对于真信念的获得。简而言之，我们所谈论的评价假说的标准必须是要引向真理的。现在的问题就是，我们所列举的标准是引向真理的吗？比如，是否简单性能帮助我们获得真理？是否融贯性能帮助我们获得真理？如果我们缺乏独立的理由来论证这些标准是可以独立引向真理的，那么，即使在某种意义上 CS 比 RK 更优，我们也没有很好地回答怀疑论。毕竟怀疑论要求的仅仅是我们可以表明对 CS 的选择是获得了充足的认知辩护的。并且我们可以发现这个批评二与批评一在一定程度上相联系。如果我们要表明某个标准是引向真

---

① 比如 Foley(1987) 和 BonJour(1998)。

理的,我们不能凭借经验的手段去说明根据某个标准我们获得了真理,因为这样对于该标准的辩护又会成为窃题论证。唯一的出路就是我们对这些标准的辩护再次诉诸先验辩护,至此还是缺乏可行的方案。

再次,即使假设解释主义可以有效地回应怀疑论,相对于别的反怀疑论方案,解释主义似乎不占优势。由于解释主义主要针对的目标是基于非充分决定原则的怀疑论论证,我们选择反怀疑论方案进行比较时也要有所限制,毕竟许多反怀疑论的方案主要针对的是基于闭合原则的怀疑论论证。在这一方面,我们可以比较知识论析取主义与解释主义。在第六章我们已经讨论过,知识论析取主义主张在好的情况中,我们的感觉证据是一个人看到 P,而在差的情况下,我们的感觉证据只是好像是 P。由此可见,析取主义与解释主义会在以下两点产生分歧:

(1) 我们的知觉证据并不支持 CS 超过 RK。

(2) 我们的知觉证据加上最佳解释标准并不支持 CS 超过 RK。

析取主义者反对(1)和(2),因为他们认为我们的知觉证据并不是同等地支持 CS 和 RK,因为在好的情况中我们的证据支持偏向 CS 而不是 RK,因此(1)是不成立的。因为(1)不成立,(2)自然也不成立。解释主义者承认(1),在他们看来,CS 和 RK 对我们的感觉证据来说是非充分决定的,因此我们才必须诉诸一些最佳解释的标准来挑选更好的假说,从而解释为什么 CS 优于 RK。因此解释主义者接受(1)但拒绝(2)。假设两个理论分别都能成立,析取主义也会比解释主义更佳,原因在于解释主义对于怀疑论的让步更多。就(1)来说,解释主义承认怀疑论者的主张是对的,因此他们只能借助别的非证据的因素来辩护我们对于 CS 的选择。不过即使解释主义者可以表明我们对 CS 的选择依赖于认知因素,我们还是在很大程度上远离了我们对于信念的辩护方法。反观在日常情境中,我们最常用的信念辩护方法还是诉诸证据或理由,可见基于证据或理由的辩护比起基于最佳解释的因素的辩护是更普遍也更具有说服力的。当然,如果无法基于证据和理由给出辩护,我们诉诸最佳解释因素也情有可原。不过这么看来,解释主义要能展现其方案的吸引力依赖于析取主义的失败。因为析取主义是反驳(1)的方案,所以,它拥有一种反怀疑论的优先性,而解释主义是在反驳(1)行不通的情况下的后备策略。一旦具有优先性的策略行得通,后备策略就不必成为我们的考虑,这是因为在面对怀疑论的挑战时,做出不必要的让步是不明智的。

小结

本章我们考察了解释主义的反怀疑论方案。本书中大部分反怀疑论方案针对的都是基于闭合原则的怀疑论论证,而解释主义主要考察的是基于非充分决定原则的怀疑论论证,这使得反怀疑论研究的局面更加平衡。

解释主义认为,基于非充分决定原则的怀疑论论证的前提限制了可供我们使用的假说筛选因素。除了知觉证据,我们不能忽视解释性美德。面对同样待解释的经验证据,提供最佳解释的假说更可能是真的假说。解释主义对于怀疑论的回应包含两个核心想法。首先是基于最佳解释推理的标准来论证日常假说比怀疑论假说提供了更好的解释,其次是基于最佳解释推理来为我们选择日常假说提供认知辩护,从而让我们可以回应基于非充分决定原则的怀疑论论证。

此外,该方案也给出了两个针对怀疑论的诊断。第一,经验等同不蕴涵非充分决定。即使两个假说在经验上等同,两者的解释性美德可以存在差异,因此不是被非充分决定的。第二,怀疑论论证让我们意识到我们没有反驳怀疑论的直接证据,但这并不代表我们的证据仅仅限于直接证据。除了直接证据以外,解释主义者发现了假说的解释性美德。这些非证据的因素为我们的理论选择提供了进一步的理性支持。这一结论具有启发性的意义。反怀疑论的要义在于揭示怀疑论者诱使我们接受的贫乏的起点。其贫乏体现在,我们平常所具有的多种理性支持被怀疑论者忽视或掩盖。从这样贫乏的起点开始再想奠定知识,其可能性微乎其微。从这一点来看,解释主义与知识论析取主义一样,在很大程度上破除了起点之贫乏。

该方案面临的核心困境在于,由于解释主义依赖最佳解释推理,对于最佳解释推理的批评基本都会延伸到解释主义方案上。此外,如何表明解释性美德和求真之间的关系?毕竟在回应怀疑论时我们需要寻找的是认知辩护,而认知辩护需要和真有一定的联系。构成最佳解释的诸多标准(如简单性、保守性、谦虚性等)是引向真理的吗?即使不需要表明每一个标准都有助于真,但针对论证日常假说优于怀疑论假说时所诉诸的标准,仍需要解释主义者给出进一步的说明。

结语

在本书中,我们首先介绍了当代彻底怀疑论挑战的本质和怀疑论的两个核心论证。当代怀疑论基于我们认为合理的知识论的原则和概念,对有关外部世界知识的可能性造成了挑战。怀疑论者提出了基于闭合原则和基于非充分决定原则的怀疑论论证,而当代知识论中的反怀疑论方案都密切围绕这两个论证展开。本书中涉及的理论较多,并且理论的细节复杂,相互之间也有攻讦。为了帮助读者整理思路,我们不妨把本书中涉及的整个反怀疑论的理论地图刻画如表4所示。

表4 反怀疑论的理论地图

	反对基于闭合原则的怀疑论论证	反对基于非充分决定原则的怀疑论论证
内在主义	1. 科恩版语境主义 2. 怀特版维特根斯坦 3. 普理查德版维特根斯坦	1. 知识论析取主义 2. 解释主义

续 表

	反对基于闭合原则的怀疑论论证	反对基于非充分决定原则的怀疑论论证
外在主义	1. 德罗斯版语境主义 2. 过程可靠主义 3. 德雷斯基拒绝闭合原则 4. 诺奇克拒绝闭合原则 5. 索萨版新摩尔主义	1. 知识论析取主义

可以发现,我们所讨论的理论有着较广的涵盖面。以内在主义/外在主义为纵向区分因素,以基于闭合原则的怀疑论论证和基于非充分决定原则的怀疑论论证为横向区分因素,在每一个组合上都出现了反怀疑论的方案。知识论析取主义出现了两次,这是由于该理论兼具内在主义与外在主义色彩。语境主义则因为不同的代表人物借用的哲学资源不同,也分跨内在主义和外在主义。限于作者有限的知识背景和时间,我无法将当代知识论中所有的反怀疑论方案都一一呈现。当然,这并不是因为它们不重要,而只是由于本书中所涉及的理论已经受到学界更多的讨论,因此是进入当代怀疑论领域绕不开的理论。一旦读者被本书的话题所吸引,开始真正进入这个领域,那些我未提及的理论也会以读者意料之中的方式出现在相关文献中,并且和我讨论过的理论之间具有千丝万缕的联系。

浏览了那么多的反怀疑论方案以后,我猜想读者看到这里的感觉是,虽然每个理论的出发点、论证细节和面临的困难不同,但总是无法对怀疑论问题给出最满意的回答。这样的局面甚至可以用"铁打的怀疑论,流水的反怀疑论"来自嘲。这个局面并不令人振奋,毕竟大多数从事哲学研究的人都有驳倒怀疑论的理想和抱负。但换个角度来看,事情并没有那么糟。我们不必总把怀疑论当作敌人或异端,欲除之而后快,而可以看作是促进知识理论反思和进步的特殊动力。试想,如果没有怀疑论的强有力挑战,我们能否见识到这个知识理论百家争鸣的局面呢?这些理论最初当然是以反对怀疑论为初衷,但经过修改完善以后所讨论的问题就不再限于怀疑论。这个诸多理论之间碰撞与交锋的局面对我们理解知识论当中的基础概念做出了实质性的贡献。

人类探索知识的道路已不平坦,想要通过哲学的方式理解人类知识更是一条泥泞坎坷、荆棘丛生的道路。这要求我们保持一种抽离和超越的态度,反思我们早已熟悉的活动和概念,但不经意间我们就会迷失在语言和思想的边界处。怀疑论无疑是这条道路上游荡着的幽灵,我们越往理智的深处走越会与之相遇。但想要追寻对人类知识的哲学理解,我们就得与之为伍。一方面与之对抗不断成长,另一方面也从怀疑论的独特视角来评价人类知识归属的正确性。

在引言部分,我曾说每个人的生活像是一个钟摆,摇摆于确定性与怀疑两端。这个比喻并不贴切,因为它会让人误以为当我们到达怀疑那一端,我们就会完全失去确定性。事实上,只要我们仍能进行有效的怀疑,我们就已经预设了确定性。任何虚妄的怀疑,并不能引领我们走得更远。所以,一个更贴切的比喻是,每个人都脚踏大地并仰望天空,甚至在强烈欲望的驱使下离开地面,但无论飞得多高,我们终将返回大地。

最后,谨以斯特劳德的洞见结束本书:"于高处纵览其下,或会找到通过泥泞和险地最好的办法。"[①]

---

① 参见 Stroud(2009,559)。

参考文献

Alston, W. (1985). 'Concepts of Epistemic Justification.' *The Monist* 68(1), 57–89.

Andow, J. (2017). 'Epistemic Consequentialism, Truth Fairies and Worse Fairies.' *Philosophia* 45(3), 987–993.

Annis, D. (1978). 'A Contextualist Theory of Epistemic Justification.' *American Philosophical Quarterly* 15(3), 213–219.

Austin, J. L. (1961). 'Other Minds', in J. O. Urmson and G. J. Warnock (eds.) *Philosophical Papers*. Oxford: Oxford University Press, 76–116.

Ayer, A. J. (1952). *Language, Truth, and Logic*. New York: Dover Publications.

Bach, K. (2005). 'The Emperor's New Knows', in G. Preyer and G. Peter (eds.) *Contextualism in Philosophy: Knowledge, Meaning and Truth*. Oxford: Oxford University Press, 51–89.

Baumann, P. (2016). *Epistemic Contextualism: A Defense*. Oxford: Oxford University Press.

Beddor, Bob. (2015). 'Process Reliabilism's Troubles with Defeat.' *Philosophical Quarterly* 65(259), 145–159.

Beebe, J. (2009). 'The Abductivist Reply to Skepticism.' *Philosophy and Phenomenological Research* 79(3), 605–636.

Beebe, J. (2010). 'Constraints on Sceptical Hypotheses.'

Philosophical Quarterly 60(240), 449 – 470.

Bennett, J. (1979). 'Analytic Transcendental Argument', in P. Bieri et al. (eds.) *Transcendental Arguments and Science*. Reidel: Dordrecht, 45 – 64.

Bergmann, M. (2004). 'Externalist Justification without Reliability.' *Philosophical Issues* 14(Epistemology), 35 – 60.

Bergmann, M. (2006). *Justification without Awareness*. New York: Oxford University Press.

Berker, S. (2013a). 'Epistemic Teleology and the Separateness of Propositions.' *Philosophical Review* 122(3), 337 – 393.

Berker, S. (2013b). 'The Rejection of Epistemic Consequentialism.' *Philosophical Issues* 23(1), 363 – 387.

Boghossian, P. (2003). 'The Normativity of Content.' *Philosophical Issues* 13(1), 31 – 45.

BonJour, L. (1985). *The Structure of Empirical Justification*. Cambridge, Mass: Harvard University Press.

BonJour, L. (1998). *In Defence of Pure Reason*. Cambridge: Cambridge University Press.

BonJour, L. (2003). 'A Version of Internalist Foundationalism', in L. BonJour and E. Sosa (eds.)*Epistemic Justification: Internalism vs. Externalism, Foundations vs. Virtues*. Malden, MA: Blackwell Publishing, 5 – 96.

Brueckner, A. (1986). ' Charity and Skepticism.' *Pacific Philosophical Quarterly* 67(4), 264 – 268.

Brueckner, A. (1994). 'The Structure of the Skeptical Argument.' *Philosophy and Phenomenological Research* 54(4), 827 – 835.

Brueckner, A. (2010). *Essays on Skepticism*. Oxford: Oxford University Press.

Burge, T. (1993). 'Content Preservation.' *Philosophical Review* 102(4), 457 – 488.

Burge, T. (2003). ' Perceptual Entitlement.' *Philosophy and Phenomenological Research* 67(3), 503 – 548.

Cassam, Q. (2007). *The Possibility of Knowledge*. Oxford: Oxford University Press.

Chisholm, R. (1988). 'The Indispensability of Internal Justification.' *Synthese* 74(3), 285-296.

Clark, T. (1972). 'The Legacy of Skepticism.' *The Journal of Philosophy* 69(20), 754-769.

Cohen, S. (1988). 'How to be a Fallibilist.' *Philosophical Perspective* 2(1), 91-123.

Cohen, S. (1998). 'Two Kinds of Skeptical Argument.' *Philosophy and Phenomenological Research* 58(1), 143-159.

Cohen, S. (1999). 'Contextualism, Skepticism, and the Structure of Reasons.' *Philosophical Perspectives* 13(*Epistemology*), 57-89.

Coliva, A. (2015). *Extended Rationality*. London: Palgrave Macmillan.

Conee, E. (1995). 'Isolation and Beyond.' *Philosophical Topics* 23(1), 129-146.

Cook, R. (2013). *Paradoxes*. UK: Polity Press.

Craig, E. (1990). *Knowledge and the State of Nature: An Essay in Conceptual Synthesis*. Oxford: Clarendon Press.

Dancy, J. (1985). *An Introduction to Contemporary Epistemology*. Oxford: Blackwell.

David, M. (2001). 'Truth as the Epistemic Goal', in M. Steup (ed.) *Knowledge, Truth, and Duty*. New York: Oxford University Press, 151-169.

David, M. (2005). 'Truth as the Primary Epistemic Goal: A Working Hypothesis', in M. Steup and E. Sosa (eds.) *Contemporary Debates in Epistemology*. Oxford: Blackwell, 296-312.

Davidson, D. (1973). 'Radical Interpretation.' *Dialectica* 27(3), 313-328.

Davidson, D. (1999). 'Reply to Barry Stroud', in L. E. Hahn (ed.) *The Philosophy of Donald Davidson*. Chicago: Open Court, 162-166.

Davies, M. (2004). 'Epistemic Entitlement, Warrant Transmission, and Easy Knowledge.' *Aristotelian Society Supplementary Volume* 78(1),213 - 245.

DeRose, K. (1992). 'Contextualism and Knowledge Attributions.' *Philosophy and Phenomenological Research* 52(4),913 - 929.

DeRose, K. (1995). 'Solving the Skeptical Problem.' *Philosophical Review* 104(1),1 - 52.

DeRose, K. (2009). *The Case for Contextualism*. Oxford: Oxford University Press.

Dretske, F. (1968). *Seeing and Knowing*. Chicago: University of Chicago Press.

Dretske, F. (1970). 'Epistemic Operators.' *Journal of Philosophy* 67(24),1007 - 1023.

Dretske, F. (1971). 'Conclusive Reasons.' *Australasian Journal of Philosophy* 49(1),1 - 22.

Dretske, F. (2000). 'The Pragmatic Dimension of Knowledge', in *Perception, Knowledge and Belief: Selected Essays*. Cambridge: Cambridge University Press, 48 - 63.

Elgin, C. (1988).'The Epistemic Efficacy of Stupidity.' *Synthese* 74 (3),297 - 311.

Engel, M. (2004). 'What's Wrong with Contextualism, and a Noncontextualist Resolution of the Skeptical Paradox', in E. Brendel E. and C. Jäger (eds.) *Contextualisms in Epistemology*. Springer, Dordrecht, 61 - 89.

Goldman, A. (1986). *Epistemology and Cognition*. Cambridge, MA: Harvard University Press.

Goldman, A. (2001). 'The Unity of the Epistemic Virtues', in A. Fairweather and L. Zagzebski (eds.) *Virtue Epistemology*. New York: Oxford University Press, 30 - 49.

Goldman, A. (2012). *Reliabilism and Contemporary Epistemology: Essays*. Oxford: Oxford University Press.

Greco, J. (1999). 'Agent Reliabilism.' *Philosophical Perspectives* 13

(1),273 - 296.

Greco, J. (2000). *Putting Skeptics in Their Place*. New York: Cambridge University Press.

Greco, J. (2008). 'Skepticism about the External World', in J. Greco (ed.), *The Oxford Handbook of Skepticism*. Oxford: Oxford University Press, 108 - 128.

Fantl, J. and McGrath, M. (2009). *Knowledge in an Uncertain World*. Oxford: Oxford University Press.

Feldman, R. (1995), 'In Defence of Closure.' *Philosophical Quarterly* 45(181),487 - 494.

Feldman, R. (2003). *Epistemology*. Saddle River: Prentice Hall.

Feldman, R. and Conee, E. (1985). 'Evidentialism.' *Philosophical Studies* 48(1),15 - 34.

Feldman, R. and Conee, E. (2001). 'Internalism Defended.' *American Philosophical Quarterly* 38(1),1 - 18.

Foley, R. (1987). *The Theory of Epistemic Rationality*. Cambridge, Mass: Harvard University Press.

Fish, W. (2010). *Philosophy of Perception*. New York and London: Routledge.

Gifford, M. (2013). 'Skepticism and Elegance.' *Philosophical Studies* 164(3),685 - 704.

Hann, L. (1999). *The Philosophy of Donald Davidson*. Chicago: Open Court.

Hannon, M. (2017). 'Skepticism and Epistemic Contextualism', in J. Ichikawa (ed.) *The Routledge Handbook of Epistemic Contextualism*. London and New York: Routledge, 131 - 144.

Harman, G. (1992). 'Induction: Enumerative and Hypothetical', in Dancy, J and Sosa, E. (eds.), *A Companion to Epistemology*. Cambridge, MA: Blackwell, 200 - 206.

Hawthorne, J. (2004). *Knowledge and Lotteries*. Oxford: Oxford University Press.

Hazlett, A. (2009). 'Knowledge and Conversation.' *Philosophy and*

Phenomenological Research 78(3),591-620.

Hazlett, A. (2014). *A Critical Introduction to Skepticism*. London: Bloomsbury.

Ichikawa, J. (2017). *The Routledge Handbook of Epistemic Contextualism*. London and New York: Routledge.

Jenkins, C. S. (2007). 'Entitlement and Rationality.' *Synthese* 157(1),25-45.

Klein, P. (2000). 'Contextualism and the Real Nature of Academic Skepticism.' *Philosophical Issues* 10(1),108-116.

Kraft, T. (2013). 'Sceptical Scenarios are not Error-Possibilities.' *Erkenntis* 78(1),59-72.

Kraft, T. (2015a). 'Defending the Ignorance View of Sceptical Scenarios.' *International Journal for the Study of Skepticism* 5(4), 269-295.

Kraft, T. (2015b). 'Epistemological Disjunctivism's Genuine Access Problem.' *Theoria* 81(4),311-332.

Lackey, J. (2008). *Learning from Words*. Oxford: Oxford University Press.

Laudan, L. and Leplin, J. (1991). 'Empirical Equivalence and Underdetermination.' *Journal of Philosophy* 88(9),449-472.

Lehrer, K. and Cohen, S. (1983). 'Justification, Truth and Coherence.' *Synthese* 55(2),191-207.

Lewis, D. (1979a). 'Scorekeeping in a Language Game.' *Journal of Philosophical Logic* 8(1),339-359.

Lewis, D. (1979b). 'Counterfactual Dependence and Time's Arrow.' *Noûs* 13(4),455-476.

Lewis, D. (1996). 'Elusive Knowledge.' *Australasian Journal of Philosophy* 74(4),549-567.

Lipton, P. (2004). *Inference to the Best Explanation* (2nd Edition). New York: Routledge.

Lycan, W. (2002). 'Explanation and Epistemology', in Moser, P. (ed.) *Oxford Handbook of Epistemology*. Oxford: Oxford

University Press, 408 – 434.

Lyons, J. (2009). *Perception and Basic Beliefs*. New York, NY: Oxford University Press.

MacFarlane, J. (2005). 'The Assessment Sensitivity of Knowledge Attributions', *Oxford Studies in Epistemology* 1,197 – 233.

Moore, G. E. (1959). *Philosophical Papers*. New York: Routledge.

McCain, K. (2011). *Inference to the Best Explanation and the External World: A Defense of the Explanationist Response to Skepticism*. University of Rochester.

McCain, K. (2013). 'Two Arguments or Only One?' *Philosophical Studies* 164(2),289 – 300.

McCain, K. (2016). 'Skepticism and Elegance.' *International Journal for the Study of Skepticism* 6(1),30 – 43.

McDowell, J. (1995). 'Knowledge and the Internal.' *Philosophy and Phenomenological Research* 55(4),877 – 893.

McDowell, J. (2008). 'The Disjunctive Conception of Experience as Material for a Transcendental Argument', in A. Haddock and F. Macpherson (eds.) *Disjunctivism: Perception, Action and Knowledge*. Oxford: Oxford University Press, 376 – 389.

McGinn, C. (1989). *Sense and Certainty: A Dissolution of Scepticism*. Oxford: Blackwell.

Murphy, P. (2013). 'The Defect in Effective Skeptical Scenarios.' *International Journal for the Study of Skepticism* 3(4),271 – 281.

Nozick, R. (1981). *Philosophical Explanations*. Cambridge, MA: Belknap Press.

Peacocke, C. (2003). *The Realm of Reason*. Oxford: Oxford University Press.

Pederson, N. (2009). 'Entitlement, Value and Rationality.' *Synthese* 171(3),443 – 457.

Percival, P. (2002). 'Epistemic Consequentialism I.' *Aristotelian Society Supplementary Volume* 76(1),121 – 151.

Plantinga, A. (2000). *Warranted Christian Belief*. Oxford: Oxford

University Press.

Pritchard, D. (2001). 'Contextualism, Scepticism and the Problem of Epistemic Descent.' *Dialectica* 55(4), 327-349.

Pritchard, D. (2005a). 'The Structure of Sceptical Arguments.' *Philosophical Quarterly* 55(218), 37-52.

Pritchard, D. (2005b). 'Virtue Epistemology and the Acquisition of Knowledge.' *Philosophical Explorations* 8(3), 229-243.

Pritchard, D. (2005c). *Epistemic Luck*. Oxford: Clarendon.

Pritchard, D. (2005d). 'Wittgenstein's on Certainty and Contemporary Anti-scepticism', in D. Moyal-Sharrock and W. H. Brenner (eds.) *Readings of Wittgenstein's on Certainty*. London: Palgrave Macmillan, 189-224.

Pritchard, D. (2007). 'How to be a Neo-Moorean', in S. Goldberg (ed.) *Internalism and Externalism in Semantics and Epistemology*. Oxford: Oxford University Press, 68-99.

Pritchard, D. (2009). *Knowledge*. London: Palgrave Macmillan.

Pritchard, D. (2012). *Epistemological Disjunctivism*. Oxford: Oxford University Press.

Pritchard, D. (2014). 'Sceptical Intuitions', in A. Booth and D. Rowbottom (eds.) *Intuitions*. Oxford: Oxford University Press, 213-231.

Pritchard, D. (2015). *Epistemic Angst: Radical Skepticism and the Groundlessness of Our Believing*. Princeton: Princeton University Press.

Pryor, J. (2000). 'The Skeptic and the Dogmatist.' *Noûs* 34(4), 517-549.

Pryor, J. (2004). 'What's Wrong with Moore's Argument?' *Philosophical Issues* 14(1), 349-378.

Putnam, H. (1981). *Reason, Truth and History*. New York: Cambridge University Press.

Quine, W. V. and Ullian, J. S. (1978). *The Web of Belief* (2nd Edition). New York: Random House.

Rorty, R. (1992). *The Linguistic Turn: Essays in Philosophical Method*. Chicago: University of Chicago Press.

Ryle, G. (1949). *The Concept of Mind*. Chicago: University of Chicago Press.

Rysiew, P. (2001). 'The Context-Sensitivity of Knowledge Attribution.' *Nous* 35(4), 477–514.

Rysiew, P. (2011). 'Contextualism', in S. Bernecker and D. Pritchard (eds.) *Routledge Companion to Epistemology*. London and New York: Routledge, 523–544.

Schaffer, J. (2004). 'Skepticism, Contextualism, and Discrimination.' *Philosophy and Phenomenological Research* 69(1), 138–155.

Schaffer, J. (2010). 'The Debasing Demon.' *Analysis* 70 (2), 228–237.

Shah, N. and Velleman, J. (2005). 'Doxastic Deliberation.' *The Philosophical Review* 114(4), 497–534.

Sider, T. (2010). *Logic for Philosophy*. Oxford: Oxford University Press.

Sosa, E. (1991). *Knowledge in Perspective: Selected Essays in Epistemology*. New York: Cambridge University Press.

Sosa, E. (1999). 'How to Defeat Opposition to Moore.' *Philosophical Perspectives* 13(1), 141–154.

Sosa, E. (2000). 'Skepticism and Contextualism.' *Philosophical Issues* 10(1), 1–18.

Sosa, E. (2009). *Reflective Knowledge: Apt Belief and Reflective Knowledge* (Volume II). Oxford: Clarendon Press.

Sosa, E. (2011). *Knowing Full Well*. Princeton and Oxford: Princeton University Press.

Sosa, E. (2017). *Epistemology*. Princeton and Oxford: Princeton University Press.

Stanley, J. (2007). *Knowledge and Practical Interests*. Oxford: Oxford University Press.

Stern, R. (1999). *Transcendental Arguments: Problems and*

Stern, R. (2000). *Transcendental Arguments and Scepticism: Answering the Questions of Justification*. Oxford: Clarendon Press.

Stern, R. (2007). 'Transcendental Arguments: A Plea for Modesty.' *Grazer Philosophische Studien* 74(1), 143-161.

Stern, R. (2015), 'Transcendental Arguments', *Stanford Encyclopaedia of Philosophy*.

Strawson, P. F. (1985). *Scepticism and Naturalism: Some Varieties*. New York: Columbia University Press.

Stroud, B. (1968). 'Transcendental Arguments.' *Journal of Philosophy* 65(9), 241-256.

Stroud, B. (1984). *The Significance of Philosophical Scepticism*. Oxford: Clarendon Press.

Stroud, B. (1999). 'The Goal of Transcendental Arguments', in *Stern* (1999): 155-187.

Stroud, B. (2009). 'Scepticism and the Senses.' *European Journal of Philosophy* 17(4), 559-570.

Unger, P. (1984). *Philosophical Relativity*. Oxford: Blackwell.

Unger, P. (1986). 'The Cone Model of Knowledge.' *Philosophical Topics* 14(1), 198-219.

Vahid, H. (2005). *Epistemic Justification and the Skeptical Challenge*. London: Palgrave Macmillan.

Vahid, H. (2011). 'Skepticism and Varieties of Transcendental Argument.' *Logos & Episteme* 2(3), 395-411.

Van Fraassen, B. (1980). *The Scientific Image*. New York: Oxford University Press.

Van Fraassen, B. (1989). *Laws and Symmetry*. Oxford: Clarendon Press.

Vogel, J. (1990). 'Cartesian Skepticism and the Inference to Best Explanation.' *Journal of Philosophy* 87(11), 658-666.

Vogel, J. (2008). 'Internalist Responses to Skepticism', in J. Greco (ed.) *The Oxford Handbook of Skepticism*. Oxford: Oxford

University Press, 533–556.
Wang, J. (2014). 'Closure and Underdetermination Again.' *Philosophia* 42(4), 1129–1140.
Wang, J. (2017). 'How Possible Questions and Modest Transcendental Arguments.' *International Journal of Philosophical Studies* 25(2), 210–226.
Walker, R. (1999). 'Induction and Transcendental Argument', in Stern (1999): 13–31.
Wedgewood, R. (2002). 'The Aim of Belief.' *Philosophical Perspectives* 16, 267–297.
Williams, M. (1991). *Unnatural Doubt: Epistemological Realism and the Basis of Scepticism*. Malden, MA: Blackwell.
Williamson, T. (2000). *Knowledge and its Limits*. Oxford: Oxford University Press.
Wright, C. (1991). 'Scepticism and Dreaming: Imploding the Demon.' *Mind* 100(397), 87–115.
Wright, C. (2002). '(Anti-)Sceptics Simple and Subtle: G. E. Moore and John McDowell.' *Philosophy and Phenomenological Research* 65(2), 331–349.
Wright, C. (2004). 'Warrant for Nothing (and Foundations for Free).' *Proceedings of the Aristotelian Society*, supp. 78, 167–212.
Wright, C. (2008). 'Internal–External: Doxastic Norms and the Defusing of Skeptical Paradox.' *Journal of Philosophy* 105(9), 501–517.
Wittgenstein, L. (1969). *On Certainty*, G. E. M. Anscombe and G. H. von Wright (eds.), D. Paul and G. E. M. Anscombe (tr.). Oxford: Blackwell.
曹剑波:《怀疑主义难题的语境主义解答——基思·德娄斯的虚拟条件的语境主义评价》,《自然辩证法研究》,2005年第6期,第30–34页。
曹剑波:《"知道"的语境敏感性:质疑与辩护》,《厦门大学学报(哲学社会科学版)》,2009年第4期,第13–20页。
曹剑波:《批驳怀疑论的最佳策略:语境不可错论》,《北京师范大学学报(社会科学版)》,2010年第2期,第78–84页。

常红:《语境主义的论证起点:德娄斯对 AI 难题的解决》,《长沙理工大学学报(社会科学版)》,2013 年第 5 期,第 14‐18 页。

陈晓平:《盖梯尔问题与语境主义》,《哲学分析》,2013 年第 3 期,第 138‐151 页。

程炼:《刘易斯与怀疑论》,《云南大学学报(社会科学版)》,2004 年第 6 期,第 8‐13 页。

笛卡尔著,庞景仁译:《第一哲学沉思集》,商务印书馆,1986 年。

历清伟,王聚:《如何理解怀疑论情景?》,《自然辩证法研究》,2017 年第 6 期,第 3‐9 页。

米建国:《德性知识论与怀疑论:Linda Zagzebski〈论知识论〉》,《东吴哲学学报》,2014,29(2),第 95‐123 页。

王静,张志林:《语义外在论对语言理解的必要性——从戴维森纲领看》,《哲学研究》,2010 年第 5 期,第 67‐74 页。

王聚:《知识论析取主义,蕴涵论题与根据难题》,《自然辩证法通讯》,2016 年第 5 期,第 28‐34 页。

王聚:《论解释主义对彻底怀疑论的解答》,《自然辩证法通讯》,2018 年第 3 期,第 24‐29 页。

徐向东:《怀疑论、知识与辩护》,北京大学出版社,2006 年。

阳建国:《步步为营的语境主义:论斯图尔特·科恩的反怀疑论方案》,《哲学动态》,2008 年第 1 期,第 72‐79 页。

阳建国:《知识归赋的语境敏感性:三种主要的解释性理论》,《自然辩证法研究》,2009 年第 1 期,第 11‐16 页。

阳建国:《知识论语境主义研究》,湖南大学出版社,2016 年。

图书在版编目(CIP)数据

当代怀疑论/王聚著.—上海:复旦大学出版社,2024.7
(当代哲学问题研读指针丛书/张志林,黄翔主编.逻辑和科技哲学系列)
ISBN 978-7-309-15372-9

Ⅰ.①当… Ⅱ.①王… Ⅲ.①怀疑主义-研究 Ⅳ.①B083

中国版本图书馆 CIP 数据核字(2020)第 208581 号

当代怀疑论
王　聚　著
责任编辑/梁　玲
封面设计/马晓霞

复旦大学出版社有限公司出版发行
上海市国权路 579 号　邮编:200433
网址: fupnet@fudanpress.com　http://www.fudanpress.com
门市零售: 86-21-65102580　团体订购: 86-21-65104505
出版部电话: 86-21-65642845
江阴市机关印刷服务有限公司

开本 850 毫米×1168 毫米　1/32　印张 9.5　字数 174 千字
2024 年 7 月第 1 版
2024 年 7 月第 1 版第 1 次印刷

ISBN 978-7-309-15372-9/B・737
定价: 49.00 元

如有印装质量问题,请向复旦大学出版社有限公司出版部调换。
版权所有　　侵权必究